기독교
세계 시민 교육

기독교
세계 시민 교육

손경문(Sam K Son) 지음

CHRISTIAN GLOBAL
CITIZENSHIP EDUCATION

"세계 시민의식과 신앙이 무슨 상관이 있나요?"

세계 시민 교육의 영역인 지식과 기술과 함께 중요한 태도와 가치의 부분에
성경에서는 어떠한 지혜를 얻을 수 있을까요?

좋은땅

들어가는 말

"세계 시민의식과 신앙이 무슨 상관이 있나요?"라는 질문을 종종 받곤 합니다.

근래에 들어 공교육 및 대학의 교양 교육에서도 세계 시민/글로벌 시민 등이 들어가는 많은 과정들이 생기면서, 어렵지 않게 볼 수 있는 프로그램이지만, 막상 이 부분에 세계 시민 교육은 무엇이다고 정의를 금방 내리기에는 조금은 모호하게 느껴지는 것도 사실입니다.

이와 더불어 종교, 신앙과 함께 세계 시민의식이나 교육을 접근하는 것은 더더욱 어렵거나, 관계가 없게 느껴지는 부분도 있습니다.

이것은 종교인들에게도, 그리고 비종교인들에게도 마찬가지일 것입니다.

비종교인들에게는, 개인이나 집단이 더불어 살아야 하는 사회에서 종교적인 색깔/사상 등을 갖고 공론장에 접근할 때에 분쟁 등이 야기될 수 있음을 강조합니다. 문화가 되어 버린 종교적 관습과 세계관을 붙잡고, 특히 배타적인 세계관을 갖고 나오는 종교인들의 모습은 세계 평화나, 사회적 화합에 위협이 된다는 편견을 갖기 쉽습니다.

종교인들 또한, 그들의 종교적 신념이 기반한 세계관 아래에서 세속적인 정부, 비신자들, 다른 세계관이나 관습 아래 있는 이들과의 화합에 어려움을 겪고, 또한 심할 경우, 그 필요성도 의심하는 경우를 많이 보게 됩니다.

'예루살렘과 아테네가 무슨 상관이 있는가?' 초기 기독교 학자인 터툴리아누스 질문의 의미를 생각해 보면 신학과 세속적 학문, 영성과 이성, 교회와 세상과 같이 이분법적인 시선을 갖는 것으로 보이며, 현대사회에서 이러한 시선의 실재적으로 보이는 현상을 뉴스에서도 많이 보고 있습니다.

하지만, 깊게 들여다보면, 종교는 단순히 사후 세계만을 향한 것이 아닌, 현시대를 살아가면서 가져야 하는 많은 지혜를 담고 있음을 볼 수 있습니다. 기독교 신앙 아래에서도 이는 마찬가지이며, 이미 교회는 평화, 이웃 사랑, 경제정의, 취약계층 보호, 환경 보호 등 이론적으로도 깊게 관여, 참여해 왔음을 볼 수 있습니다.

세계 시민 교육이라는 차원에서, 높은 시민성이 필요로 하는 분야에, 성경은 이미 충분한 지혜를 세계에 제공하고 있고, 이와 함께 참여의 당위성을 신앙인들에게 주고 있습니다.

이 책은 세계 시민 교육의 영역인 지식과 기술과 함께 중요한 태도와 가치의 부분에 성경은 어떠한 선물을 우리에게 주고 있는지 함께 보고자 하여 준비하였습니다.

이 책은 자기 성찰을 해 볼 수 있는 교재의 형태로 준비를 해 보았습니다. 중고등학생 혹은 대학생이 쉽게 읽고 이해하고, 생각해 보고, 나눌 수 있는 형태로 구성을 하였기에, 자가 교재 혹은 그룹 토의에서 사용이 가능합니다.

각 장에는 해당 장의 학습 목표와 더불어, 세계가 가지고 있는 인간 그리고 자연의 평화적 번영을 위하여 바라보고 있는 목표와 함께하는 것이 매우 중요하다 생각하여 2015년에 발표된 지속 가능한 개발 목표와 연계를 해 두었습니다. 각 장 안의 Unit의 경우, 세상 이야기와 성경 이야기 등으로 연계에 중심을 두었으며, 중간중간 여러 생각을 해 볼 질문들을 제시해 보았습니다.

이 책에는 두 가지 목표가 있습니다.

첫째는 기독교인들에게 도움이 되는 것입니다. 기독교인들이 세계 시민 교육의 영역에서 자신감과 책임감 그리고 특수한 문화적, 영적 배경에 대한 이해와 함께 사명감을 갖고 이웃 사랑 특히 글로벌 이웃 사랑의 회복에 힘껏 참여하는 데에 조금이나마 도움이 되고자 하였습니다.

둘째는 비신앙인에게 도움이 되는 것입니다. 세속적 세계 시민 교육 영역의 이론가들과 교육가들이 문화, 역사, 종교적 특수성을 제한하여 보편성 혹은 경제적 발전에 도움이 되는 글로벌 역량 개발 등을 중심으로 하는 세계 시민 교육에서 한계점을 보며, 이후에는 더 풍성하고 성공 가능한 세계 시민 사회를 위해서 특수성(particularities), 특히 종교적/영적 특수성에 대한 관심과 존중이 필요하다는 것을 인지하는 것에 있습니다.

기독교 특수성에 기반한 세계 시민 교육의 미약하지만 의미 있는 한 걸음으로 함께 고민하며 성찰을 해 볼까요?

목차

제1장

세계 시민과 크리스천

Goal ··

이번 장을 통하여, 글로벌화된 경제, 정치 및 사회 전 분야에서 과연 우리가 가져야 하는 지식, 기술 그리고 태도와 가치가 무엇인지에 대해서 생각해 보려 합니다. 또한 크리스천으로서 세계화와 그 안의 한 구성원으로서 어떤 가치를 붙잡고 빛과 소금의 역할을 감당해야 할지 고민해 보고자 합니다.

지속 가능한 발전 목표와의 상관성(SDGs)

4. 양질의 교육
교육의 목적과 내용에 대해서 고민해 보기

11. 지속 가능한 도시와 공동체
함께 공존할 수 있는 공동체의 모습과, 그 안의 특수성에 대한 존중 방법 알아보기

16. 정의, 평화, 효과적인 제도
정의, 평화, 효과적인 제도의 밑바탕이 돼야 하는 가치와 태도에 대해서 논의해 보기

17. 지구촌 협력
다른 특수성을 가진 이들이 함께 협력할 수 있는 안전한 제도 구축에 대해 알아보기

Unit 1 세계화의 정의

이 Unit의 목표(Objectives)

(1) 세계화에 대해서 알아보기

(2) 세계 시민의 정의에 대해서 알아보기

(3) 세계 시민에 대한 고민해 보기

(4) 세계 시민성에 대한 크리스천의 관점 생각해 보기

세상 이야기

여러분이 마시고 있는 커피, 입고 있는 옷에 레이블을 한번 보세요. 어느 나라에서 만든 것인가요?

이번 코로나 사건에 어떻게 병마가 퍼지는지, 한 국가의 한 지역에서 시작된 바이러스가 전 세계 모든 국가에 퍼지는 모습을 우리는 보았습니다.

외국에서 활동하는 한국의 운동 선수들의 모습 보면서 희열을 느끼곤 합니다.

외국 크리스천들과 한 언어와 생김새 등은 다르지만 함께 예배드려 본 적 있나요? 세계화는 우리에게서 멀리 떨어진 것이 아닌 이미 그 흐름 안에 우리는 있는 것을 알 수 있습니다.

Q. 여러분 주변에서 세계화된 현실을 가장 많이 느낄 때가 언제인가요?

세계 시민성 정의

세계 시민이라는 단어가 많이 나옵니다.

Q. 여러분 생각엔 세계 시민이란 어떤 태도와 역량을 갖은 사람일까요?

UNESCO 정의를 보면 세계 시민은 다음과 같습니다.

> ■ "공동체 및 전체 인류에 대한 소속감과 지역 국가 세계에 개방성, 보편적 가치
> 에 근거한 다양성 및 다원성을 존중함에 따라 세계를 이해하고 행동하는 사람"
> (UNESCO 2014)

영국의 NGO인 OXFAM의 정의를 보면 다음과 같습니다.

■ "세계 시민으로서 자기 역할을 이해하고 다양성을 존중하며 지역에서 글로벌까지 다양한 수준의 공동체에 참여하며, **더 평등하고 지속 가능한 세상**을 위해 협업하며, 책임적 행동을 가진 사람"(OXFAM 2015)

Q. 이러한 정의를 바탕으로 봤을 때 여러분 자신은 세계 시민이라고 생각이 되시나요?

세계화에 대한 관점은 고대시대에부터 있었습니다. 그리스 로마시대에도, 세계 시민이라는 사상, 코스모폴리타니즘, 인간으로서의 보편성을 바탕으로 있어 왔습니다. 아테네 시민도, 그리스 국민도 아닌 세계 시민이라고 한 소크라테스부터, 디오게네스, 정복 왕 알렉산더 대왕 등 그 역사는 멀리부터 찾아볼 수 있습니다.

세계 종교의 확산을 보아도 마찬가지입니다. 세계 선교, 기독교의 전파, 그리고 한국에 복음이 전해진 것을 봐도, 어느 정도의 세계화는 예전에도 있었음을 알 수 있지요.

《World is Flat - 세계는 평평하다》라는 책을 쓴 토마스 프리드먼도, 세계화의 흐름, 그리고 그와 함께, 예전과는 다르게 평평해지고, 평등해져 가는 모습을 언급하기도 하였습니다. "교통과 정보통신의 발달, 프로세스의 규격화, 아웃소싱, 위탁, 공급체인의 발달 등에 따라서, 평평해지고, 예전에는 생각할 수 없었던 국가들이 연결이 되며, 경쟁 또한 하게 되었다."라고 그는 말을 합니다.

세계화 1.0시대에는 국가가 주도를 하고 해군력을 이용한 국가 중심의 세계화 확장이었다

면, 세계화 2.0시대에는 기업들이 이익을 위한 여러 가지 노력을 일환으로 세계화의 흐름이 선도해왔으며 이러한 것은 2000년대 초반까지 이어 왔다고 합니다.

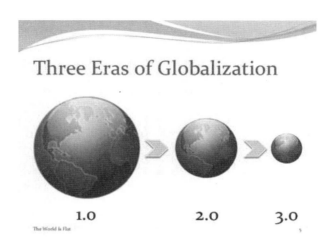

우리가 경험하는 세계화 3.0시대에는 인터넷과 교통 등의 기술의 발달로 인하여 개인의 역량과 주도적인 참여의 기회가 늘어난 시대를 뜻한다 합니다.

여러 논쟁도 있지만, 그가 말을 한 세계화의 모습을 보면 한 가지 드는 생각이 있습니다.

흥미롭게도 근래에 우리가 익숙한 세계화의 모습은 경제적으론 자본주의, 자유민주주의 사상이 주류인 것이 사실입니다.

Q. 한국의 세계화는 언제부터 시작되었다고 생각하나요?

1988 서울올림픽 30주년 기념

세계는 서울로,
서울은 세계로!

KSPO
국민체육진흥공단

밀어보기 Go

Q. 서구 국가의 세계화의 역사와 한국의 역사는 어떻게 비슷하고 어떻게 다른가요?

　　이러한 세계화의 흐름 아래, 요즘 우리는 '세계 시민 교육'이라는 단어를 많이 듣습니다. 2010년대 중반부터 의무교육과 같이 한국 학교에도 지정이 되어 여러 가지 형태로 많은 교육을 학생들을 받고 있습니다.

세계 시민 교육은 무엇일까요?

기존의 평화교육, 환경, 경제정의 교육, 다문화 교육 등이 세계 시민 양성이라는 틀 안에 교육되는 것을 봅니다.

Q. 우리가 접한 세계 시민 교육의 내용과 성경 말씀과의 관계성에 대해서 고민을 해 본 적이 있나요?

Q. 세계화, 그리고 세계 시민의식 함양 등의 분야에, 교계의 목소리는 어떠한가요?

성경에서 들어 보기

흥미 있는 것은 세계 시민 교육에 포함이 되는 여러 가지 교육 내용 중에, 성경과 연관되는 것, 그리고 성경에서 가르치는 지혜와 비슷한 점이 많이 있다는 것입니다.

예를 들어 "내 이웃을 내 몸과 같이 사랑하라"라는 성경의 가르침이, 세계 시민 교육에서의 존중과 포용 등의 의식과 연계가 되는 것입니다. 이하의 내용에서는 이처럼 각 분야별로 이와 같은 접점을 찾아보겠습니다.

세계화/시민 교육과 기독교는 긴밀한 연계가 되어 있으며, 이 부분에 대해서 생각해 볼 필요가 있습니다.

교계 어떤 한편에서는 세계 시민이라는 부분에 대해 세계 정부, 코스모폴리타니즘, 반기독교적 사상 등 여러 가지 음모론을 이유로 세계 시민성이라는 부분에 무조건적 거부를 하는 부분도 많이 볼 수 있습니다. 세계 평화를 거론하자마자 기독교 내에서 이단으로 판정한 여러 다른 집단과 연계를 짓기도 합니다. 하지만 이러한 태도는 과연 바람직한 모습인지 고민이 필요한 듯합니다.

여러분의 생각은 어떤가요?

> Q. 다양성, 평등성, 지속 가능한 세상을 위해 책임적 행동을 갖는 세계 시민성의 목적과 필요성에 동의를 하시나요?

요한복음 3장 16절

하나님이 세상을 이처럼 사랑하사, 독생자를 주셨으니, 이는 누구든지 저를 믿는
자마다 멸망치 않고 영생을 얻게 하려 하심이라

하나님께서 천지를 창조하시고, "참 좋았다"라고 하셨습니다. 이와 함께, 창조된 세계에 대해서, 인간에게 생육, 번성, 관리의 책임을 주셨음을 우리는 기억할 필요가 있습니다.

영국 복음주의 교계에 위대한 리더였던 존 스토트 목사는 이렇게 말하였습니다. "(1) 세상에 대해서 여과 없이 받아들이는 사람, (2) 그리고 피하는(retreat) 두 부류로 교회가 나누어져 있다고 하나, 우리는 '이미, 그러나 아직'(Already and not yet)의 모습으로 세계 시민성에 대해서 적극적으로 다가서야 할 책임이 있다고 생각합니다."(Stott 2006, 43)

마태복음 5장 14-17절

너희는 세상의 빛이라 산 위에 있는 동네가 숨기우지 못할 것이요 사람이 등불을 켜서 말 아래 두지 아니하고 등경 위에 두나니 이러므로 집 안 모든 사람에게 비취느니라 이같이 너희 빛을 사람 앞에 비취게 하여 저희로 너희 착한 행실을 보고 하늘에 계신 너희 아버지께 영광을 돌리게 하라 내가 율법이나 선지자나 폐하러 온 줄로 생각지 말라 폐하러 온 것이 아니요 완전케 하려 함이로라

세상에 한가운데에서, 크리스천은 등경 위에 높이 들려 빛을 비추어야 하는데, 그러한 발판으로 말씀이 주는 지혜를 가지고 우리는 나가야 하지 않을까요?

성경을 따르는 크리스천이라면, 모든 계명의 중심 사상으로 담겨 있는 하나님 사랑, 그리고 인간 사랑의 가치를 알고 있을 것입니다.

마태복음 22장 35-40절

그 중에 한 율법사가 예수를 시험하여 묻되 선생님이여 율법 중에 어느 계명이 크니이까 예수께서 가라사대 네 마음을 다하고 목숨을 다하고 뜻을 다하여 주 너의 하나님을 사랑하라 하셨으니 이것이 크고 첫째 되는 계명이요 둘째는 그와 같으니 네 이웃을 네 몸과 같이 사랑하라 하셨으니 이 두 계명이 온 율법과 선지자의 강령

이니라

또한 신자뿐 아니라 세상에 대해서 성경이 주는 교훈과 교육적인 면 및 선한 일을 목적으로 하는 데에 도움이 되는 가치에 주목하지 않을 수 없을 것입니다.

디모데후서 3장 16-17절

모든 성경은 하나님의 감동으로 된 것으로 교훈과 책망과 바르게 함과 의로 교육하기에 유익하니 이는 하나님의 사람으로 온전케 하며 모든 선한 일을 행하기에 온전케 하려 함이니라

세계화는 어떤 가치와 어떠한 힘에 의해서 움직여지고 있습니까?

강대국? 정치세력? 다국적 기업? NGO? 자본주의? 물질만능주의? 쾌락우선주의?

크리스천이라면, 주어진 부르심에 응답하며, 세계화된 세계의 중심에서 책임감을 가지고 주변의 모든 이슈들과 과제들을 접근해야 하지 않을까요?

Q. 여러분의 생각은 어떠신가요?

Unit 2 타락과 세계 시민성의 한계

Unit의 목표(Objectives)

(1) 세계 시민성의 한계에 대해서 성찰해 보기

(2) 한국의 세계 시민 교육의 특징에 대해서 생각해 보기

(3) 크리스천이 세계화되어 가는 세상을 어떠한 시각으로 봐야 할지 생각해 보기

(4) 성경의 효용성 생각해 보기

세상 이야기

세계 정치적인 구조와 틀을 보면, 세계 시민성이 과연 어느 정도의 힘을 낼 수 있는지 여러 가지 논의가 있습니다.

코로나 19 사태에서 보여진 세계 시민성의 한계.

코로나 19 사태를 통해서, 여러 가지 불공정을 우리는 봤습니다. 특히 백신 공유나, 관련 지적재산권 논쟁을 보면서, 공동체 의식, 연대 의식 이전에, 세계적인 팬데믹 앞에서 우리는 자본주의적이며 이기적인 우리의 모습을 보았습니다.

'Greed' and 'capitalism' helped UK's vaccines success, says PM

🕑 24 March 2021 | 🏳 Comments

< | Coronavirus pandemic

욕심과 자본주의가 백신 정책 성공 이유 - 영국 보리스 총리[1]

Q. 여러분은 현재 세계 시민성이 잘 발휘되고 있다고 생각하나요? 우리 주변에, 세계적인 이슈(국제 보건 위기, 기후 변화, 부의 분배의 문제, 여러 국제 분쟁)

세계 시민성의 한계성을 주장하는 사람들은 이와 같이 말을 합니다.

→ "비교적 부유한 글로벌 북반구와 개발 도상국이 대부분인 남반구의 경험이 같지 않다."[2]

---

1)   https://www.bbc.co.uk/news/uk-politics-56504546
2)   (Andreotti 2011)

Q. 서울에서 대학생이 느끼는 세계화, 그리고 이디오피아의 커피농장에서 헐값에 노동을 하는 젊은이에게 세계화의 경험과, 받는 혜택이 동일할까요?

→ "세계 시민성이란 컨셉이 모호하여 실질적인 정책이나, 규범이 나오지 않는다."

Q. 코로나 19 사태 때, 많은 국가들은 공통적인 정책을 추구하기보다는, 여러 가지 다른 접근 방식(백신 공유, 국경개방, 마스크 착용)을 보여 왔고, 결과적으로 이는 많은 이들의 팬데믹에 대한 대응의 차이와 연대 의식의 파괴를 가져왔습니다.

→ "비민주적이다." – 여러 가지 중요한 결정들은 비민주적인 기업의 지배구조 등이나, 국제기구, 아니면, 우리가 의결권/투표권이 없는 다른 강대국의 결정에 의해서, 움직여지는 것을 볼 수 있습니다.

예를 들어 한국의 인터넷망을 과다 이용하는 넷플릭스는(2020년 4분기 기준, 한국의 인터넷 이용량 중 4.8% 차지[3]) 이에 대한 이용료를 내지 않고 있습니다. 글로벌 다국적 기업이 현지 국가의 법과 정책을 무시한 채 계속 사업을 진행하고 있습니다. 이를 통해서 그들은 이익을 보고 있으며 인터넷 속도 등의 저하로 인한 손해는 다른 인터넷 이용객들이 보고 있습니다.

---

3) "'망 사용료 패소' 넷플릭스발 콘텐츠 요금 인상 현실화하나" (https://www.yna.co.kr/view/AKR20210625106300017)

이것이 신자유주의 혹은 새로운 형태의 식민주의의 지속화의 문제라고 지적하는 학자들도 있습니다.

정치적으로 식민지는 아니지만, 경제적으로 많은 부분에 선진국에 의존도가 지나치게 높아지는 경우가 발생하고 있습니다. 백신 구입 또한, 어느 국가는 전적으로 기부에 의존할 수밖에 없는 상황이 있습니다.

자원 수출에 의존하는 국가, 혹은 선진국에서 오는 관광객들을 통하여 외환을 버는 관광업에 집중된 국가의 경우, 이러한 경향이 더 강한 것을 봅니다.

다음 페이지의 자료를 보면, 예전 피식민국가가 대부분인 중남미국가 중 많은 국가의 근로자 중 50% 이상이 관광업에 종사하고 있는 것을 볼 수 있습니다. 바하마, 그라나다, 버진 아일랜드, 안티구아, 바베이도스 등이 그러합니다. 자메이카의 경우는 근로 인구의 30%가 관광업에 종사를 하고 있습니다.

관광업, 혹은 자원, 그리고 SOC사업에 대한 외국인 투자 등에 국가가 과도하게 의존할 경우에 외부적인 요소에 국가의 존폐가 걸리는 경우가 있습니다.

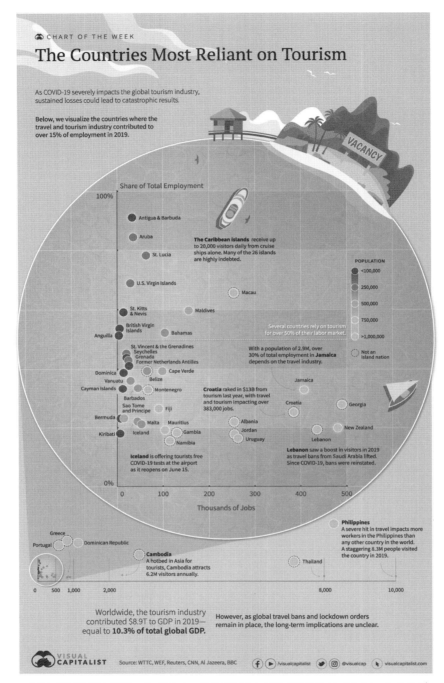

개발도상국의 관광 산업 고용 의존도 - 대부분의 중남미 및 태평양의 섬나라가 높게 나타남[4]

---

4) https://www.visualcapitalist.com/countries-reliant-tourism/

그렇다면 한국에서의 세계 시민 교육은 어떠한가요?

   정부 주도, 그리고 글로벌 역량을 쌓아서 자격을 갖추고 언어를 갖추고, 여러 다른 사람들과 함께 생활(일)을 할 수 있는 역량을 갖추어 세계 시장 진출하자는 면이 아직 강하지 않나 하는 생각이 있습니다.

"세계를 잡다"

"세계는 넓고 할 일은 많다"라는 주제의 해외 취업 가이드

Q. 우리가 알고 있고, 현재 한국에서 교육이 되고 있는 세계 시민 교육의 경우 어떻게 평가를 해 볼 수 있을까요?

옥슬리와 모리스는 세계 시민 교육에 대해서 더 구체적으로 구분을 하였습니다.

그중에 기능적이고 자본주의 안에 개인 글로벌 역량 강화의 부분과 함께, 윤리적인 의식 함양, 옹호론적인 태도, 그리고 불평등한 세계 구조에 대응하는 부분 또한 세계 시민 교육의 스펙트럼 안에 본 것을 볼 수 있습니다(Oxley and Morris 2013).

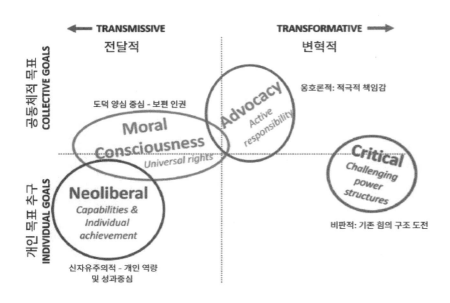

Q. 여러분은 세계 시민 교육에 어떤 부분이 중요시되어 학생들에게 교육이 돼야 한다고 생각하시나요?

성경에서 들어 보기

Oxley and Morris는 영적 세계 시민 교육(Spiritual Global Citizenship) 부분에 대해서도 언급을 합니다. 주류적 방식은 아니지만 혹자는 종교 혹은 신념 혹은 신앙 가운데, 정체성을 찾는 데에 집중한다고 말하였습니다. 이들은 글로벌 정체성, 그리고 책임과 의무의 이유 또한 종교/신념/신앙에서 찾는다고 언급하였습니다(Oxley and Morris 2013, 318).[5]

성경에는 글로벌 혹은 세계에 대한 관점과 전례 등을 많이 볼 수 있습니다.

영성 세계 시민성 차원에서 요셉의 예를 보면, 그는 기원전 이집트의 중요 직책에 올라, 중동 지역에 7년간 지속된 극심한 가뭄피해에서 그의 가족뿐 아니라, 지혜를 발휘하여, 이집트 국민과 주변국들의 국민들까지 살린 것을 볼 수 있습니다. 그의 신앙에 기반한 탁월함이 발휘될 때 세계 시민으로서, 넓은 선한 영향력과 결과를 도출해 내었음을 볼 수 있습니다.

창세기 41장 54-57절

요셉의 말과 같이 일곱 해 흉년이 들기 시작하매 각국에는 기근이 있으나 애굽 온 땅에는 식물이 있더니 애굽 온 땅이 주리매 백성이 바로에게 부르짖어 양식을 구하는지라 바로가 애굽 모든 백성에게 이르되 요셉에게 가서 그가 너희에게 이르는 대로 하라 하니라 온 지면에 기근이 있으매 요셉이 모든 창고를 열고 애굽 백성에게 팔새 애굽 땅에 기근이 심하며 각국 백성도 양식을 사려고 애굽으로 들어와 요셉에게 이르렀으니 기근이 온 세상에 심함이었더라

---

5) "Focus on belief systems as cohesive units…. Focus on exploring identities in relation to belief systems"

Q. 이와 같이 세상 속에 깊이 들어가 넓게 여러 공동체/국가/세계의 위기 상황에서 역할을 한 이들을 성경에서 또 볼 수 있나요?

크리스천은 예수 그리스도를 통한 구원을 믿는 사람들입니다. 예수 그리스도의 사역의 방법은 성육신(incarnate)의 방식이었습니다. 신이 인간의 모습으로 인간의 위치까지 내려와서 십자가에서 대신 지는 희생을 하여 구원과 관계 회복의 길을 여신 것을 믿는 자들입니다.

관계 회복은 하나님과의 관계뿐 아니라, 인간간의 관계 회복을 뜻하기도 하며, 자연과의 관계 회복을 뜻하기도 합니다.

인간관계로 집중을 해 보면, 죄로 인하여, 인류의 첫 번째 가족은, 관계가 무너져 부부의 관계가(상호 책임 전가), 형제간의 관계가(살인) 무너졌음을 볼 수 있습니다. 이처럼 욕심, 이기주의, 교만 등이 가정/지역/국가의 경계를 넘어 전 세계로 퍼진 현장에서 우리 글로벌 사회는 이와 같은 관계의 회복이 필요합니다.

즉 부자 국가와 개발도상국 간의 불평등한 관계, 물욕에 의해 야기된 분쟁과 전쟁 및 평화 관계의 파괴, 이기주의에 의한 나와의 나른 이들에 대한 증오와 폭력뿐 아니라 뒤에서 보겠지만, 환경 위기를 통한 인간과 다른 피조물과의 관계 파괴 등 회복이 돼야 하는 부분은 많이 있으며, 이에 대해서, 성경은 많은 지혜를 우리에게 나누어 줍니다.

마태복음 5장 13-16절

너희는 세상의 소금이니 소금이 만일 그 맛을 잃으면 무엇으로 짜게 하리요 후에는 아무 쓸데 없어 다만 밖에 버리워 사람에게 밟힐 뿐이니라 너희는 세상의 빛이라 산위에 있는 동네가 숨기우지 못할 것이요 사람이 등불을 켜서 말 아래 두지 아니하고 등경 위에 두나니 이러므로 집안 모든 사람에게 비취느니라 이같이 너희 빛을 사람 앞에 비취게 하여 저희로 너희 착한 행실을 보고 하늘에 계신 너희 아버지께 영광을 돌리게 하라

Q. 빛으로 보냄을 받은 크리스천은 현재의 세계화의 흐름과 그 상황 안에서 어떠한 마음을 가져야 할까요?

15절에 등불을 "등 아래에 두지 않고 등경 위에 둔다"라는 부분을 주목하여 보기 바랍니다. 어떤 분들은 기독교와 세상은 관련이 없다 말을 합니다. 초대 교부 터툴리안은 기독교 신앙을 뜻하는 예루살렘과 세속적 학문을 의미하는 아테네가 무슨 관계냐고 하였습니다. 안타깝게도 이에 대한 많은 사람들이 잘못 이해를 하기도 합니다.

과연 어느 태도가 더 맞는 태도이며, 현시대를 사는 크리스천에게 요구가 되는 태도일까요?

지혜롭고, 순결하며, 세상과 구별돼야 하는 점도 있지만, 그 전에, 세상으로 보냄을 받은 사명을 한번 주목해 보면 어떨까요? 예수님이 제자들을 모으고 숨지 않으시고, 세상을 향하여 보내신 사실을요.

마태복음 10장 16절

보라 내가 너희를 보냄이 양을 이리 가운데로 보냄과 같도다 그러므로 너희는 뱀
같이 지혜롭고 비둘기 같이 순결하라

세상의 욕심과, 돈, 이기주의, 분쟁을 유발하는 경쟁의식 등으로 무장된 것이 아닌 성경을
중심으로 사랑과 자기 희생으로 준비된 크리스천이 세상을 향하여 나가고, 세계 시민으로서,
행동하는 모습을 보이면 어떨까요?

디모데후서 3장 16-17절

모든 성경은 하나님의 감동으로 된 것으로 교훈과 책망과 바르게 함과 의로 교육
하기에 유익하니 이는 하나님의 사람으로 온전케 하며 모든 선한 일을 행하기에
온전케 하려 함이니라

바르게 함이 필요한 세계의 현 상황에서, 성경에 내재된 관계 회복과, 사랑의 메시지를 가
지고 선한 일을 하며, 교훈하며, 바르게 함이 크리스천을 통하여, 세계 많은 문제 가운데 실마
리가 제시되기를 바랍니다.

Unit 3 성경적 세계 시민성 회복

Unit의 목표(Objectives)

(1) 가치와 태도의 중요성에 대해서 생각해 보기

(2) 우리가 속한 사회에 대한 의무에 대해서 생각해 보기

(3) 특수적인 배경에 대한 존중이 중요한 이유 논의해 보기

(4) 예수님의 성육신적 사랑과 희생의 의미를 생각해 보기

(5) 세계화의 흐름 가운데, 회복을 위해서 우리가 해야 할 일 생각해 보기

세상 이야기

세계 시민 교육은, 세계 시민으로서 필요한 지식과 기술 그리고 가치와 태도를 함양하는 데 중심을 두고 있습니다. 이 부분에 우선순위를 두기는 어려운 면도 있지만, 사람을 움직이고, 집단과 조직을 움직일 수 있는 힘과 방향성은 가치와 태도에서 나오지 않나 생각합니다.

사이먼 시넥의 조직 행동론 또한 그의 최신 책의 제목처럼 '왜'라는 질문에서 시작을 해야 한다(Start with Why)고 합니다. What(무엇) 그리고 How(어떻게)의 영역을 보면, 지식으로, 그리고 기술과 요령으로 도달 가능하지만, 행동의 근본이 되는 힘은 목적, 믿음, 목표, 이유 등이 함축된 왜(Why)의 영역까지 들어가야 그 해답을 얻을 수가 있습니다.

세계 시민 교육으로 돌아본다면, 기후변화에 대응하는 것, 분쟁에 평화적 해결 방법 등을 고민하고 연구하는 것이 굉장히 중요하지만, 그 앞에, 왜라는 질문에 우리가 대답을 할 수 있고, 그러한 질문에 대해서 소통을 하며 같은 방향성을 갖는다면, 더욱 세계 시민 교육의 효과

가 있지 않을까요?

The Golden Circle

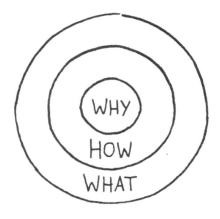

그렇다면, 이러한 가치, 목적, 목표는 우리가 어디에서 얻을 수 있을까요?

Q. 여러분은 삶의 목적 혹은 영감을 어디에서 받으시나요?

이 부분은 굉장히 중요한 질문입니다. 세계 시민 교육의 커리큘럼에 대한 논의점 중 하나는 보편성과 특수성에 대한 논의입니다. 인류의 보편적인 부분에 집중하며, 분쟁이 발생할 수 있는 특수성(particularies)에 대해서 공공의 영역에 가지고 들어오는 점을 굉장히 민감해하는 부분을 볼 수 있습니다.

우리의 태도와 가치는 역사나, 가정교육, 국가의 교육을 통하여 구축되었을 뿐 아니라 우리 개인이 고유적으로 갖고 있는 특수성, 즉 피부 색깔이나, 신앙, 성정체성과 면들이 우리의 세계관, 가치관 그리고 태도에 영향을 미치게 됩니다. 그렇기 때문에, 개인이나, 집단의 특수성을 제외한 보편적인 면만 가지고 세계 시민성이라는 교육 과정에 접근할 때에, 모호성이 발생하거나, 주류를 이루는 사람들의 일부가 아니라면 공감을 하기 어려운 교육과정이 되어 버리는 것에 고민을 해 볼 필요가 있습니다.

Q. 종교나 역사적 특수성을 갖는 집단 간의 분쟁은 어느 것이 있나요?

Q. 다른 역사성, 종교, 문화적 배경을 가진 친구나 동료가 있나요?

Q. 그들과 소통할 때 어떠한 장벽을 느끼나요?

Q. 회사와 같은 조직에서 공동의 목표를 위해서, 이러한 동료들의 배경적 차이점이 여러분에게 방해가 되나요? 아니면, 그렇지 않나요?

성경에서 들어 보기

예레미야 29장 7절

너희는 내가 사로잡혀 가게 한 성읍의 평안을 구하고 그를 위하여 여호와께 기도
하라 이는 그 성읍이 평안함으로 너희도 평안할 것임이라

위의 말씀은 우리가 잘 아는 바벨론에 포로로 간 이스라엘 백성에게 하나님은 예레미야를 통해서, 그 땅의 평안을 구하라 명하신 부분입니다.

크리스천의 경우, 그들의 정체성 형성에 근본적인 영향을 주는 성경과 그에 기반하여 바로 서 있는 신앙이 이 글로벌 사회의 관계 회복과 무너진 사회적 질서, 세계화의 불평등과 부조리를 바로잡는 데에 영향을 발휘돼야 하지 않을까요?

역사를 돌아보아도 크리스천이 세상에서 성경을 바탕으로 사랑으로 나아갔을 때에 소외된 자들을 돌아보며 미래세대를 일으킬 수 있는 병원, 고아원, 학교, 복지제도, 인권 보호 등의 제도의 구축과 이러한 단체들의 설립에 지대한 영향을 끼친 것을 볼 수 있습니다.

Q. 여러분 주변에 세상에서 빛을 발하는 신앙인이 있나요? 그분은 어느 분야에서 빛을 발하고 있는지요?

많은 이들이 기독교 신앙으로 인해서, 환경 파괴, 종교 분쟁, 식민지 정책들이 일어났다고 하지만, 이는 크리스천들의 말씀을 바로 보지 못하고, 빛과 소금의 모습이 아닌, 세상과 타협하는 가운데 일어난 일들임을 알고 이러한 역사적 사실이 우리에게 주는 경고에서 배워야 할 것 입니다.

또한 세계화의 부조리 앞에서 크리스천은 회개를 해야 할 것입니다. 교회의 죄에 대해서, 앞선 신앙의 선배들의 실패에 대해서, 야욕적인 식민정치세력에 빌붙었던 모습, 타 민족의 문화 말살에 앞섰던 모습, 다양성을 존중하지 못한 모습, 평화의 사도(Peacemaker)가 아닌, 분쟁을 일으키며, 정의롭지 못한 전쟁을 일으켰던 모습, 맘몬신이 우상이 되어, 돈과 성장과 개인의 물질적인 성공에만 주목하였던 모습, 환경에 대한 의무감이 부족하여, 생육하고 번성하지 못한 책임들이 크리스천들에게 더욱더 막중함을 기억해야 할 것 입니다.

Q. 한국 교회가 회개해야 하는 것은 무엇일까요?

Q. 크리스천으로서 여러분이 세상에 사과를 해야 하는 것은 무엇일까요?

세계 사회 전분야에 평화의 소식보다는, 어떤 통계를 보더라도 절망적인 뉴스가 더 많은 것을 볼 수 있습니다. 전염병, 환경 오염, 자연 재해, 납치, 분쟁, 전쟁, 난민들의 고난, 부의 불공정한 분배, 양극화, 문화 간의 갈등, 인종차별.

Q. 이러한 상황에서 크리스천 세계 시민으로서 여러분의 의무는 무엇일까요?

예수님의 성육신적인 사랑, 희생의 은혜를 얻은 크리스천으로서, 예수님의 제자로서 함께 여러 스토리를 보며, 함께 고민해 볼까요?

제2장

세계 경제와 세계 시민

Goal ·

이번 장에서는 인간의 보편적인 권리와 필요를 충족을 위해 이상적인 경제 시스템이 무엇인지 성찰해 보며, 성경 가운데 기록되어 있는 경제 질서의 의미를 기준하여 현재 우리가 속한 세계의 부조리를 생각해 보려 합니다. 이와 함께 세계 경제 흐름에 참여하는 일원으로서 필요한 성경적 태도가 무엇이며, 세상을 이롭게 하는 도구로써 돈이 사용되도록, 또한 함께 번영하는 사회가 구축될 수 있도록 우리가 할 수 있는 것이 무엇인지 성찰해 봅시다.

지속 가능한 발전 목표와의 상관성(SDGs)

1. 빈곤 퇴치
빈곤의 원인을 알아보고, 이를 위한 우리가 참여 할 수 있는 방법을 물색해 보기

2. 기아종식
인간의 기본적인 필요의 충족을 위하여, 취해야 하는 것을 알아보기

4. 양질의 교육
교육의 목적과 내용에 대해서 고민해 보기

6. 깨끗한 물과 위생
인간의 기본적인 필요이자, 삶의 근원이 되는 물의 보급과 인간의 존엄을 위한 위생을 위해 필요한 조치에 대해 고민해 보기

7. 모두를 위한 깨끗한 에너지
성장하고, 번영하는 데 필요한 에너지 보급에 대해 고민해 보기

8. 양질의 일자리와 경제 성장
일의 중요성과 모든 참여자들에게 지속 가능한 번영과 성장에 대해 고민해 보기

9. 산업, 혁신, 사회 기반 시설

성장의 기본이 되는 산업과 혁신 기반 시설 확충에 대해 알아보기

10. 불평등 감소

경제 구조에 심각한 불평등(공급채널, 성별, 지역별, 지식 격차 등에 따른)에 대한 해결점 고민해 보기

11. 지속 가능한 도시와 공동체

함께 공존할 수 있는 공동체의 모습과, 그 안의 특수성에 대한 존중 방법 알아보기

12. 지속 가능한 생산과 소비

생산과 소비 그리고 그 경제 구조 안에, 탐욕 대신, 절제와 공동체 정신 함양에 대해 생각해 보기

16. 정의, 평화, 효과적인 제도

세계 주요 경제 구도 아래에 불공정한 제도의 수정과, 공정한 제도의 도입을 위한 노력에 대해 고민해 보기

17. 지구촌 협력

경제 정의를 위해서, 필요한 협력/공동체 정신 함양에 대해 고민해 보기

Unit 1   경제 정의 그리고 하나님의 계획

Unit의 목표(Objectives)

(1) 거시 경제의 기본 원리에 대해서 알아보기

(2) 경제 정의와 중요성에 대해서 성찰해 보기

(3) 성경에 나와 있는 창조 질서 가운데 경제적 질서 생각해 보기

(4) 우리 현실에 많은 문제에 대해서 생각해 보기

세상 이야기

　세계화와 가장 긴밀하게 연계된 것은 경제 분야일 것입니다. 상품과, 서비스의 생산과 공급 그리고 수요가 발생하는 곳이 지역이나 국가의 장벽을 넘어 세계적으로 확대되어 있습니다. 이를 지탱하는 제도와, 이와 연계된 모든 이들의 힘力(이것이 노동력力이든, 구매력力이든)은 우리 삶에 긴밀한 영향이 있습니다.

　지금 여러분이 입고 있는 옷의 상표를 한번 보십시오. 아마도 Made in Korea가 아닌, 다른 국가에서 만들어진 옷을 여러분은 쉽게 구매해서 입고 계실 것입니다. 책상 위에, 커피가 놓여 있나요? 그 커피의 원산지는 한국에서 멀리 떨어진 곳일 것입니다. 사용하고 계시는 스마트폰의 내부 부품도, 휴식하며 감상하였던 문화 컨텐츠 또한 한국이라는 경계를 넘어 해외의 OTT 플랫폼을 통하여 여러분 앞까지 조달이 되었을 것입니다. '나는 세계화에 관심이 없어', '한국 밖을 나가 본 적이 없어', '빈곤국가의 그들이 가난한 문제와 나와 관계는 없잖아'라고 생각하는 분도 자신의 소비를 자세히 들여다보면, 결국 세계화된 경제와 본인과의 관계성을 인

정을 할 수밖에 없게 됩니다.

이번 장을 들어가며 생각해 본 연계되는 지속 가능한 개발 목표에서도 보았듯이, 대다수의 목표가 경제와 직접적으로 연계되어 있음을 알 수 있습니다. 근로는 대한민국 국민으로서의 의무와 권리이기도 합니다.[6]

국가의 경제 규모를 측정할 때 국가총생산(GDP)을 사용하여 국가의 경제 규모를 측정하며, 1인당 GDP는 간단히 국민의 소득 수준을 말할 때 사용이 되곤 합니다. 전 세계적, 그리고 지역별 인당 GDP를 보면, 지속적인 성장세를 보이고 있습니다.[7]

하지만 이와 같은 성장을 체감하기 어려운 것도 사실입니다.

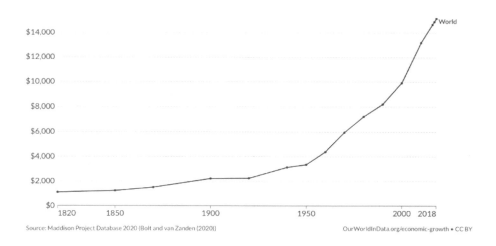

Source: Maddison Project Database 2020 (Bolt and van Zanden (2020))   OurWorldInData.org/economic-growth • CC BY

1인당 GDP을 본다면, 1820년(미화 1,102달러)에 비해서, 2018년(미화 약 15,200달러가량으로)까지 지난 200년간 약 1300% 성장을 기록한 것으로 나옵니다.

---

6)   대한민국헌법 헌법 제32조 - 모든 국민은 근로의 의무를 진다. 국가는 근로의 의무의 내용과 조건을 민주주의원칙에 따라 법률로 정한다.

7)   https://ourworldindata.org/grapher/gdp-per-capita-maddison-2020

특히 1990년대 말부터 경제 규모의 급성장을 보이고 있습니다.

한국을 들여다볼까요? 같은 기간 1인당 GDP는 1820년 약 816달러의 수준에서 2018년에는 37,928달러의 수준으로 놀라운 성장을 기록하였습니다.

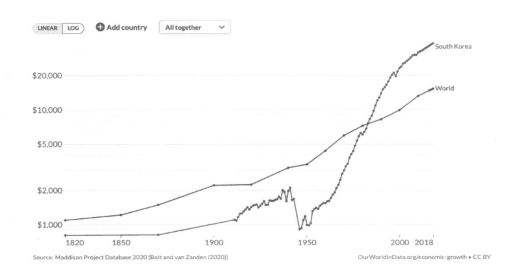

Source: Maddison Project Database 2020 (Bolt and van Zanden (2020))

OurWorldInData.org/economic-growth • CC BY

미국의 프레이저 연구소는 다른 경제 제도 중에서 국가가 아닌, 개인과 기업 중심의 시장주의와 자유무역주의가 시민의 표현의 자유, 신앙, 언론, 사상의 자유와 함께 소유의 권리가 보장이 되는 시스템이 세계의 주류로서, 굳게 자리를 잡아 가고 있다고 발표하였습니다.[8]

이러한 제도하에 겉으로 보면, 이러한 인류는 성장하는 듯하며, 우리는 많은 것을 예전에 비해서, 누릴 수 있게 된 것으로 보입니다. 하지만, 이 수치는 그래프상에서 보이지 않습니다.

예)
국가 간 불평등 및 부의 집중의 문제

---

8) https://www.bushcenter.org/catalyst/capitalism/lawson-capitalism-is-winning-around-the-world.html

국가 내 불평등

윤리의식 부재

노동 환경의 문제

환경 파괴

　국민총생산(GDP)으로 측정되는 국가의 경제 규모를 재는 것으로는 중요합니다. 하지만 이와 같은 측정 방법 안에는 국가의 소득이 어떻게 분배되는지, 그 안에는 어떠한 부조리들을 제대로 보여 주지 못한다는 한계가 있습니다.

　국민총생산이 아닌 국민총소득(Gross National Income)을 보면, 한국은 1인당 2020년 기준 미화 31,755달러(한화 3,747만 3,000원)라는 적지 않은 기록을 하지만, 이러한 숫자가 통계청 혹은 정치인들에 의해서 발표될 때마다, 많은 사람들은 현실감이 떨어지는 통계라고 평가하기도 합니다.

　이렇게 세계는 그리고 한국은 점차 부해지는 것으로 보이지만, 그 안을 들여다보면, 다른 그림을 볼 수 있습니다.

　또 다른 측정 방법인 지니 지수를 보면(0은 완전 평등, 1은 완전 불평등), 전 세계적으로 지속적으로 소득의 차이의 폭이 늘어나는 것을 볼 수 있습니다(아래 왼쪽 그래프 에서 보이듯이 지니 지수 1에 가까운 현실). 중국, 인도 등 인구가 많은 개발 도상국의 발전은, 그들 국가의 전체적인 통계를 좋게 보이게 할지라도, 그 속은 기하급수적으로 소득이 늘어나는 고소득층을 제외한 저소득층의 소득 증가는 예전과 큰 차이를 보이지 않습니다. 개발 도상국뿐 아니라 선진국에서도 마찬가지입니다. 아래의 오른쪽의 그래프를 보면, 주요 선진국의 최상위 1%의 계층이 국가 전체의 부를 많은 부분을 차지하는 것을 볼 수 있습니다. 한 예로 미국은 최상위 1%가 미국의 부의 20%가량을 차지하고 있습니다.

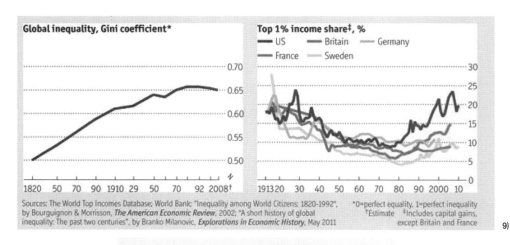

Sources: The World Top Incomes Database; World Bank; "Inequality among World Citizens: 1820-1992", by Bourguignon & Morrisson, *The American Economic Review*, 2002; "A short history of global inequality: The past two centuries", by Branko Milanovic, *Explorations in Economic History*, May 2011

*0=perfect equality. 1=perfect inequality
†Estimate ‡Includes capital gains, except Britain and France

9)

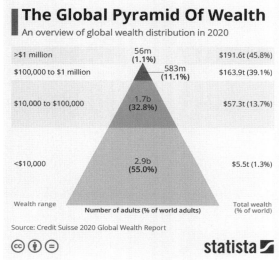

스위스 은행이 발표한 세계 부의 보고서에 따르면, 상위 1.1%가 전 세계 부의 45.8%를 차지하고 있으며, 최하위 55%의 계층은 전 세계 부의 1.3%만을 차지하고 있다고 발표를 하였습니다.

한국을 볼까요? 2020년 발표된 가계금융복지조사에서는 가계 분위별 소득 상위 20%와 하위 20%의 소득 차이는 다소 변동이 있지만 지속적으로 올라가고 있는 것으로 나타나고 있습니다.

---

9) http://www.good2use.com/knet/economic/wlthneq.htm

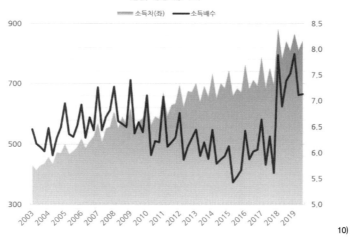

상하위 20% 소득차 및 소득배수 추이
(만원, 배, 통계청 자료)

10)

이와 함께, 2008년 미국 서브프라임 금융위기에서 시작되어 들춰진 금융권의 대출 관련 도덕불감증, 노동자 및 생산자에게 충분한 보상이 가지 않는 불평등한 소득 분배, 지적재산권 및 여러 제도를 이용한 구조적인 개발 도상국의 성장 방해, 환경 오염 및 많은 문제들이 산재되어 있는 것을 볼 수 있습니다.

이러한 문제들은 급속한 세계화를 통하여 한 지역이나 국가에 국한되지 않고 전 세계적으로 동시에 큰 영향을 주고받는 이슈가 되고 있습니다.

Q. 이것이 우리에게 시사하는 바는 무엇일까요?

10)   http://mbiz.heraldcorp.com/view.php?ud=20200102000123

Q. 세계 경제의 흐름에서 한국의 위치는 어느 정도라고 생각하나요?

Q. 한국보다 앞서 있는 국가는 주요 산업과 구축되어 있는 국제 경제 구조에서 어떻게 지속적으로 지위를 지키고 있을까요?

Q. 개발 도상국 중 한 나라를 생각해 보세요. 그들이 현재의 세계 경제 내의 차지하고 있는 위치와 그 국가의 미래 발전 가능성은 어떠한가요?

Q. 가능성이 낮다면, 그 국가의 발전을 저해하고 있는 것은 무엇일까요?

성경에서 들어 보기

성경은 경제, 혹은 재물에 대해서 많은 부분을 할애하고 있습니다. 다소 우려되는 점은 많은 이들이 성경에 기록하고 있는 경제, 재정 논리, 경고의 단면만을 가지고 다소 편협한 시각으로 이 부분을 알리곤 합니다. 이러한 시각은 조금은 단순한 평가일 수는 있지만, 물질적 풍요를 추구하는 기복신앙 혹은 그 반대로 이러한 구조적인 부분에 반기를 들고 소외된 자들에 입장을 대변하고자 하였던 해방신학 등의 양극화된 해석이나 행동을 낳았습니다.

성경에서는, 성장과 번성함이 기본적인 권리이며, 인간의 의무인 것을 보여 주고 있습니다. "생육하고 번성하여, 땅에 충만하라." 농업 중심인 사회에서 이 명령은 의미가 깊다고 볼 수 있습니다.

창세기 1장 28절

하나님이 그들에게 복을 주시며 하나님이 그들에게 이르시되 생육하고 번성하여
땅에 충만하라, 땅을 정복하라, 바다의 물고기와 하늘의 새와 땅에 움직이는 모든
생물을 다스리라 하시니라

Q. "생육하고 번성하여 땅에 충만하라"라는 구절을 요즘 우리의 서비스 산업 중심의 경제 구조에서는 어떻게 해석할 수 있을까요? (어떠한 생산적인 모습?)

수익을 내기 위한 노력에 대해서, 성경은 중요한 성실함의 하나의 표징으로 보고 있음을 달란트 비유에서도 우리는 볼 수 있습니다.

마태복음 25장 23절

그 주인이 이르되 잘하였도다 착하고 충성된 종아 네가 적은 일에 충성하였으매
내가 많은 것을 네게 맡기리니 네 주인의 즐거움에 참여할지어다 하고

영국의 실천신학자 브래드스톡은 수익은 악한 것이 아니라, 바른 기준에 적정한 수익은, 맡겨진 자산을 잘 관리하고, 운용하여 낸 것으로 성실함을 보여 주는 기준으로도 볼 수 있다고 합니다. 이와 함께 과욕으로 인하여 구축되는 대출 기반의 기업활동과 경제성장에(기업대출, 가계대출, 주택대출 등) 대해 우려를 표합니다.

이 외에도 성경은 소유권, 무역이나 거래에 대해서, 금지하지 않고 있음을 볼 수 있습니다.

Q. 현재 많은 국가에서 따르고 있는 자본주의가 위에 언급한 문제들을 갖고 있는데, 이에 대해 성경은 어떤 기준을 제시해 주고 있을까요?

성장만이 성경의 가르침이 아닙니다. 이와 함께 마음의 탐욕에 대한 경고 또한 성경은 엄히 하고 있습니다. 예수님은 중요하게 하나님과 재물을 겸하여 섬기지 못한다고 말을 합니다.

마태복음 6장 24절

한 사람이 두 주인을 섬기지 못할 것이니 혹 이를 미워하고 저를 사랑하거나 혹 이를 중히 여기고 저를 경히 여김이라 너희가 하나님과 재물을 겸하여 섬기지 못하느니라

이는 재물과 돈에 대한 이유 없는 거부가 아닌, 물과 돈/경제적 열매를 하나님의 위치까지 받들고 중요시하여 인생의 궁극적 목적이 되는 데에 경고를 하신 것입니다.

야고보서 1장 15절

욕심이 잉태한즉 죄를 낳고 죄가 장성한즉 사망을 낳느니라

이러한 탐욕은 죄를 통하여, 하나님과 또한 이웃과의 관계에 금이 가게 되고, 이웃과의 관계에서도 적당한 수준이 아닌 폭리를 취하며, 창조된 형제와 자매인 인간의 존엄성을 무시하는 행위에 대해 하나님께서 경고를 하시는 것입니다.

모세 오경에 나온 많은 경제 논리들에는, 폭리를 취하지 말기, 희년 해방, 안식일과, 안식년, 십일조 등 삶의 지침이 포함되어 있습니다. 이것은 타락한 인간들이 공존할 수 있는, 그리고 절제하며, 함께할 수 있는 기본적인 기준을 제시해 주시고 있습니다.

Q. 이러한 말씀의 기준으로 볼 때 현재 전 세계의 부의 차이를 어떻게 바라봐야 할까요?

Unit의 목표(Objectives)

(1) 현 세계에서의 경제 질서의 예를 찾아보기

(2) 타락으로 인하여, 일어나는 탐욕에 대해 경고의 말씀 알아보기

(3) 십자가 사역과 경제 질서를 연계해 생각해 보기

세상 이야기

    2007~2008년 미국의 많은 주택담보 대출기업들이 신용등급이 낮은 이들에게 주택대출을 무분별하게 내어주다, 부실 채권이 되어 글로벌 금융기업들이 줄줄이 파산 혹은 거대한 손실을 입게 된 서브프라임 모기지 사태는 전 세계 불경기로 이어졌습니다. 이에

대해 금융권의 도덕적 해이에 대한 비판이 이어졌으나, 깊은 구조적 개혁보다는 많은 국가의 정부들은 근시안적인 접근으로 이런 금융기업들의 손실을 보전하며, 부담을 납세자에게 부가하며, 이들 기업들을 회생시켜 준 부분에 대해서, 전 세계적으로 분노를 낳게 된 사건이 있었습니다.

이와 같은 시장자본주의 내에서 공동체 정신과 윤리의식에 대한 보장이 어려운 상황에 대해서 많은 이들은 좌절감을 느끼며, 자본주의를 반대하는 운동에도 참여하는 것을 볼 수 있습니다.

이에 대해 많은 정치, 철학, 경제학자들의 논쟁이 몇 세기 걸쳐서 지속되어 왔지만, 다른 많은 경쟁적 사상(사회주의, 공산주의 등)에 비하여 대부분의 국가들이 따르는 주류 체재가 된 것 또한 사실입니다. 시장 내 경쟁으로 이익을 추구하고, 경쟁에서 앞서기 위해 혁신과 개발이 이루어지고, 다수의 이들을 절대 빈곤에서 벗어나게 한 것도 자본주의 체재의 영향이 컸다고 볼 수 있습니다. 시장자본주의의 시스템적 문제인지, 이 시스템을 대하는 정책 결정자들과 기업들과 우리와 같은 참여자들의 가치의 문제인지를 들여다볼 필요가 있습니다.

시장자본주의 체재 아래 과학적 혁신과, 성실, 비전과 발전은 수억 명을 살렸으나, 인간의 탐욕과, 이기주의 그리고 무자비함은 시장자본주의가 자본가들에게는 친절한, 그러나 그 반대에 있는 자들에게는 불평등할 수밖에 없는 양극화의 도구로 만들었다고 보는 시각도 있습니다.

여러분은 코로나 19시대 때, 역사적 유래 없이 백신을 개발해 낼 수 있게 된 이유 또한 정부기관, 국제기구가 아닌 자본주의의 논리 아래 이익을 위해 존재하는 화이자, 아스트라제네카

등의 기업들이었으며, 이들의 혁신이 인류에게 어떠한 도움이 되었는지는 경험하였습니다.

선순환되는 시스템 아래 기업의 경우를 볼까요? 기업은 실질적인 상품과 서비스를 생산 및 제공을 하며, 종사자들의 삶을 윤택하게 하며, 소비자들의 삶의 질을 향상할 수 있습니다. 정당한 경쟁을 통해, 좀 더 효과적이며, 효율적인 혁신이 가능하게 될 수 있습니다. 이를 가능하게 하는 것은 이익(profit)에서 나옵니다. 적당한 수익은 혁신이 이어지게 하며, 더 넓게 선한 이익을 종사자들과, 국가 등과 나눌 수 있는 시스템이 될 수 있는 시장자본주의입니다.

이러한 것이 가능하도록 기업의 사회적 책임 혹은 ESG 환경, 사회 그리고 지배구조에 대해서, 많은 주목이 되고 있는 것 또한 자본주의 아래에서 이루어지고 있습니다.

Q. 여러분은 기업의 환경/사회/지배구조(ESG)가 왜 중요하다고 생각하나요?

성경에서 들어 보기

예수님께서 중요한 비유를 드십니다. 달란트에 대한 비유입니다.

마태복음 25장 20-21절

다섯 달란트 받았던 자는 다섯 달란트를 더 가지고 와서 이르되 주인이여 내게 다섯 달란트를 주셨는데 보소서 내가 또 다섯 달란트를 남겼나이다 그 주인이 이르되 잘하였도다 착하고 충성된 종아 네가 적은 일에 충성하였으매 내가 많은 것을 네게 맡기리니 네 주인의 즐거움에 참여할지어다 하고

여러 다른 가르침을 얻을 수 있는 말씀이지만 예수님이 가르침을 위해서 시장경제의 논리를 이용하시는 것을 우리는 볼 수 있습니다. 그리고 아무것도 하지 않아 비생산적이며 게을러 이익을 내지 못한 종에 대해서, 책망하시는 것을 볼 수 있습니다.

소유권에 관하여도 나봇의 소유의 포도밭을 불의하게 살인을 통해서 앗아 간 아합을 책망하시는 것을 볼 수 있습니다.

하나님께서 책망하시는 것은 죄의 영향으로 인해, 절제와 나눔의 의무를 망각하고 재물을 신의 경지에 (이웃의 필요를 잊어버릴 정도로) 격상시키는 우리의 죄악된 태도에 대해서 책망하시는 것이지 않을까요?

예수님의 십자가에서의 희생을 통하여, 하나님과 이웃과의 관계 회복의 길을 여시지 않으셨나요?

마가복음 12장 29-31절

예수께서 대답하시되 첫째는 이것이니 이스라엘아 들으라 주 곧 우리 하나님은 유일한 주시라 네 마음을 다하고 목숨을 다하고 뜻을 다하고 힘을 다하여 주 너의 하나님을 사랑하라 하신 것이요 둘째는 이것이니 네 이웃을 네 자신과 같이 사랑하라 하신 것이라 이보다 더 큰 계명이 없느니라

돈이 신의 위치에서 내려와 바른 우선순위가 회복되며, 이웃 즉 상사/동료, 소비자/생산자,

원청업체/하청업체 등의 관계가 회복이 되는 것이 중요하지 않을까요?

이를 통하여 생산/소비 채널 가운데 차별이 사라지고, 공정한 이익분배/경영참여 확장 등을 통하여 그리고 공동체의식의 회복이 필요합니다.

Q. 여러분은 착한 시장자본주의가 가능하다고 보나요? 가능하기 위해, 정부/기업/소비자가 해야 할 일은 무엇일까요?

공정과 공평에 차이 대해서

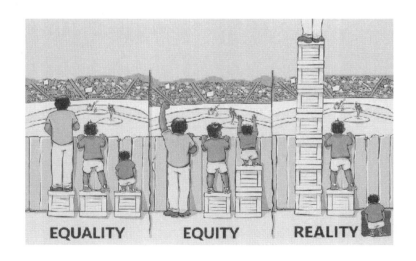

위의 그림을 평등과 공정으로 이해를 해 보면 좋을 듯합니다. 가장 오른쪽 그림은 현실이라

고 이야기를 합니다.

앤드류 하트롭은(Hartropp 2010, 77) 세상에 적용 가능한 성경적 경제정의에 대해서 3가지 접근방법을 소개합니다.

(1) 권리의 차원
(2) 필요의 차원
(3) 응보(응당한 보상/보응)의 차원

첫 번째, 그는 인간으로서 안전하고 건강하게 존재할 수 있는 권리가 있듯이, 세계 인권 선언에서 선포된 것과 같이 누구나 누려야 하는 인간의 권리의 차원에서 경제정의를 접근하는 방법이 있다고 합니다.

두 번째로는 필요의 차원에서 접근하는 방법이 있다고 합니다. 필요한 식량과 물 이외에 존재하기 위해 필요를 채울 수 있게 하는 체제에 대해, 이러한 정의를 접근하기도 한다고 합니다. 이러한 것은 상황에 의해서, 적용되는 범위가 달라집니다. (예: 사막 지역에 사는 이들과, 강변에 사는 이들과의 필요가 다를 수 있습니다.)

세 번째, 경제정의 접근은 응보의 차원입니다. 마땅히 일한 만큼 보상을 받는 것을 정의의 구현이라고 보는 시각입니다. 하지만, 일의 결과물의 가치를 생각해 보고, 각각 다른 능력치를 생각해 보면, 이 또한 완벽하지 않음을 생각해 볼 수 있습니다.

수긍 가능한 부분도 있지만 부족한 부분도 있습니다.

Q. 여러분은 어떤 접근법이 가장 합당하다고 느껴지나요?

Q. 이러한 접근법이 현실적인 장벽에 부딪치는 경우를 보았나요?

하트롭은 성경적 경제정의를 이야기하며, 적절한 대우에(appropriate treatment) 대해서 이야기를 합니다. 상황에 따라 성령 하나님의 지혜를 의지해야 하는 상황에 대해서도 말을 합니다. 그리고 중요하게 관계의 중요성에 대해서 얘기를 합니다. 시장자본주의는 약점도 있지만, 다른 경제 제도보다 효과적이며, 자본주의 기반 위에 성경적 경제 정의, 사랑과 공동체 정신에 기반한 태도가 필요하다고 역설합니다(Hartropp 2010).

완벽한 제도는 없기에 어떠한 경제 제도나 정책 가운데 우리가 중요하게 기억해야 하는 말이 이 모든 것 위에 사랑을 더하는 것입니다.

골로새서 3장 12-14절

그러므로 너희는 하나님의 택하신 거룩하고 사랑하신 자처럼 긍휼과 자비와 겸손과 온유와 오래 참음을 옷입고 누가 뉘게 혐의가 있거든 서로 용납하여 피차 용서하되 주께서 너희를 용서하신 것과 같이 너희도 그리하고 이 모든 것 위에 사랑을 더하라 이는 온전하게 매는 띠니라

불완전한 시스템에도 사랑을 더한다면, 세계 속에 서로를 돌아보아 양보하며, 나눌 수 있다면 아름답지 않을까요?

성경에는 자비와 사랑이 표현된 곳이 많이 있습니다. 룻과 보아스의 아름다운 만남 또한 가난한 자들을 위하여, 추수하다 떨어진 이삭을 줍지 않게 하여, 필요한 자들이 주워 갈 수 있도록 하고, 떨어진 포도도 두며, 서로를 속이지 말고, 억압하지 말고, 종의 급여를 미루지 말라 하신 하나님의 가치를 기억해야 할 것입니다.

레위기 19장 9-16절

너희가 너희의 땅에서 곡식을 거둘 때에 너는 밭 모퉁이까지 다 거두지 말고 네 떨어진 이삭도 줍지 말며 네 포도원의 열매를 다 따지 말며 네 포도원에 떨어진 열매도 줍지 말고 가난한 사람과 거류민을 위하여 버려두라 나는 너희의 하나님 여호와이니라 너희는 도둑질하지 말며 속이지 말며 서로 거짓말하지 말며 너희는 내 이름으로 거짓 맹세함으로 네 하나님의 이름을 욕되게 하지 말라 나는 여호와이니라 너는 네 이웃을 억압하지 말며 착취하지 말며 품꾼의 삯을 아침까지 밤새도록 네게 두지 말며 너는 귀먹은 자를 저주하지 말며 맹인 앞에 장애물을 놓지 말고 네 하나님을 경외하라 나는 여호와이니라 너희는 재판할 때에 불의를 행하지 말며 가난한 자의 편을 들지 말며 세력 있는 자라고 두둔하지 말고 공의로 사람을 재판할지며 너는 네 백성 중에 돌아다니며 사람을 비방하지 말며 네 이웃의 피를 흘려 이익을 도모하지 말라 나는 여호와이니라

Q. 여러분은 현 세계 경제 구조에서 중요한 약점은 무엇이며, 특히 관계 회복과 사랑과 자비의 회복이 시급히 필요한 분야/이슈는 무엇이라 생각하나요?

Unit 3 경제 질서의 회복

Unit의 목표(Objectives)

(1) 경제 질서의 회복이 필요한 이유를 생각해 보기

(2) 경제 질서의 회복에 필요한 태도를 알아보기

(3) 경제 질서 회복에 필요한 희생에 대해서 생각해 보기

세상 이야기

　경제질서에 회복이 필요합니다만, 어떠한 철학의 배경 위에 경제 질서의 회복이 필요할까요? 하트롭이 말한 것처럼, 인간의 존엄성 바탕에 마땅한 권리를 누리며, 기본적 필요가 충족될 수 있으며, 자신의 노력에 응당한 보상을 받을 수 있는 시스템은 무엇이고, 이보다 더 중요한 우리의 태도는 무엇일까요?

　모든 이들이 평등하게 출발선상에 설 수 있도록 하는 것이, 즉 그들의 능력과 배경에 상관없이 평등하게 인위적으로 만드는 것이 가장 타당한 질서일까요?

Q. 이러한 정책의 단점은 무엇일까요?

사회적 경제적 보호막이 없이 능력주의적 기반에 자신의 능력과 배경에 따라서, 경제질서가 구축되어, 이를 통해 경제 규모가 확장되어 일자리가 늘어나며, 완벽할 수는 없지만, 전체 사회의 부가 늘어 낙수효과(Trickle down)가 되게 하는 것이 방법일까요?

Q. 이러한 정책의 단점은 무엇일까요?

개인의 노력의 대가에 따른 소유권이 보장되며 능력을 마음껏 펼칠 수 있는 환경을 제시하면서도, 한편으로는 부득불 그 위치에 설 수 없는 사람들을 도울 수 있는 제도를 통해서, 사회도 부하게 되면서, 남겨진 사람이 없게 하는 제도가 좋은 방법일까요?

Q. 이러한 정책의 단점은 무엇일까요?

관계 중심의 경제를 소개하는 단체가 있습니다. 영국의 캠브릿지에 위치한 이 단체는 관계 회복에 중심을 두어야 된다는 말을 합니다. '자본주의도, 능력주의도 중요하다, 하지만 그 위에, 사람과 사람의 관계가 가장 중요하며 그 가치에서 벗어나지 않는 정책과 방향이 필요하다'라고 말을 합니다. (아래 Case Study 참고)

2008년 서브프라임 모기지 사건과 함께, 많은 투자 은행사 직원들의 윤리의식 결여 등의 바탕엔 인간관계에 대한 무시에서 야기된 것이라고 합니다.

인간관계 중심의 새로운 사회적 패러다임을 통하여, 기업 활동, 소비 활동, 금융 활동, 조세 제도 등이 필요하다고 말을 합니다.[11]

비현실적이게 보일 수 있지만, 이러한 본질적인 가치가 회복이 되는 방향으로의 경제 정책이 펼쳐지는 것이 중요하기에 유권자로서, 정부의 경제 정책에 대해서, 관심을 갖고 모니터링하며, 개인의 영역에서는 우리의 소비/생산/사회경제 활동을 적극적으로 돌아보고 기업들의 운영의 부분을 모니터링해야 할 것입니다.

요즘 많이 듣고 있는 ESG라는 단어를 들어 보셨나요? 예전의 CSR(기업의 사회적 공헌)에서 한발 더 나가, 기업의 환경, 사회 그리고 지배구조/운영에 대한 의무에 대해서 주시하고 있는 컨셉입니다. 사회적 명망이 있는 기업, 중견 기업 이상의 기업들은 이와 같은 ESG의 진행 여부에 대해서 소비자들과 투자가들에게 지켜 보여지고 있기 때문에, 아직은 부족할지라도, 윤리적 경제 활동의 활성화를 위해서, 중요한 움직임이라고 볼 수 있습니다.

Q. 여러분이 좋아하거나, 일하고 싶은 기업이 있나요? 그 기업의 ESG 리포트를 한번 찾아보고 여러분의 생각을 적어 보세요.

---

11)   https://www.jubilee-centre.org/cambridge-papers/beyond-capitalism-towards-a-relational-economy-by-michael-schluter

성경에서 들어 보기

예수 그리스도의 회복은 하나님과의 관계 회복, 그리고 인간관계의 회복을 말을 하고 있습니다.

빌레몬서는 도망간 듯한 종의 신분이었던 오네시모와 그와 연관된 관계 회복에 대해서 말하고 있습니다. 사도 바울은 옛 주인인 빌레몬에게 오네시모에 대한 자비를 간절히 요청을 하고 있습니다.

빌레몬서 1장 17-20절

그러므로 네가 나를 동무로 알찐대 저를 영접하기를 내게 하듯하고 저가 만일 네게 불의를 하였거나 네게 진 것이 있거든 이것을 내게로 회계하라 나 바울이 친필로 쓰노니 내가 갚으려니와 너는 이 외에 네 자신으로 내게 빚진 것을 내가 말하지 아니하노라 오 형제여! 나로 주 안에서 너를 인하여 기쁨을 얻게 하고 내 마음이 그리스도 안에서 평안하게 하라 신앙 안에서 무너진 관계가 회복되기를 간절히 바라는 사도 바울의 마음이 읽히시나요?

우리는 인간의 존엄성이 중시되며, 관계 중심의 노사 관계를 그려 볼 수 있을까요?

기업에서는 직원이 기업의 도구가 아닌, 일의 즐거움과 가치를 충분히 느끼며, 능력을 펼칠 수 있게 보장하며, 직원도 일에 대한 책임감과 성실하게, 주께 대하듯 회사에 충성하여, 회복된 관계 중심의 노사 관계가 회복이 되어야 할 것 입니다.

골로새서 3장 22-24절

종들아 모든 일에 육신의 상전들에게 순종하되 사람을 기쁘게 하는 자와 같이 눈가림만 하지 말고 오직 주를 두려워하여 성실한 마음으로 하라 무슨 일을 하든지 마음을 다하여 주께 하듯 하고 사람에게 하듯 하지 말라 이는 기업의 상을 주께 받을 줄 아나니 너희는 주 그리스도를 섬기느니라

이를 위해서, 참여기업 등의 모습 또한 한 모습인 듯합니다. 직원들에게 지분을 부여하여, 기업의 운영에 참여하는 모델도 한 성공사례로 볼 수 있을 듯합니다.

John Lewis라는 영국 슈퍼마켓은 유통기업 중 직원 만족율이 가장 높은 기업 중 하나입니다. 이 기업은 80,000여 명의 직원들을 Partner라고 칭합니다. 직원들은 자신의 급여의 정한 %만큼 회사에 투자를 할 수 있으며, 회사의 성장과 함께하며, 이로 인해서, 서비스와 장인정신을 발휘하여, 만족감을 느끼며, 일을 하고 있습니다. 자신들의 능력을 십분 발휘하여, 기업의 성장 파트너로서 회사의 성공을 이끌어 냅니다.

자료에 따르면, 직원 공동 소유 기업들은 매년 평균 4.6%의 매출 성장, 25.5%의 운영 이익 성장률을 기록하며, 직원들의 생산력 또한 매년 평균 4.5% 이상 성장을 한다고 합니다. 책임

있는 기업 운영의 한 모습으로 영국의 탑 50위 직원 공동 소유 기업들 중 38곳은 기업 부채 없이 운영이 되고 있다 합니다.[12]

> Q. 이러한 기업 운영의 모델이 또 있을까요?

> Q. 우리 사회에 사랑과 정의의 구현된 십자가 그리고 그 회복의 정신이 기업의 윤리적 운영, 공정한 운영, 인간성 회복의 건강한 노사 관계로 이어지기 위해서, 가장 시급한 점은 무엇일까요? (예: 정규직/계약직 차별, 외국인 근로자 대우 등)

소비자로서의 역할도 중요합니다.

손님은 왕이라는 말, 어떻게 보면, 너무 기본적인 것이기도 합니다만 그 안에는 큰 진리가 있습니다. 소비자의 구매력이 기업에 있어서, 그들의 태도와 생산/서비스 제공에 대한 접근 방식까지 영향을 미치게 된다는 점을 보여 주는 문구이기도 합니다.

우리가 가장 흔히 마시는 커피를 봐도, 공정무역이 필요한 품목이기도 합니다. 커피값의

---

12) 영국의 경우, 약 470개의 직원 공동 소유 기업들이 있으며 이 기업들은 영국 GDP의 4%를 감당, 그리고 점차 늘어나고 있다고 합니다.

0.5%만이 생산자에게 돌아간다고 합니다. 이러한 불공정한 수익 분배를 바꾸기 위해서, 공정 거래 커피 혹은 착한 커피를 더 찾고, 커피 기업에 공정한 수익 분배에 대한 목소리를 높이고, 소비자로서, 소비로서 우리의 목소리를 내기 시작하면, 큰 메시지가 될 수 있습니다.

생산자의 인간성 회복과, 응당한 보상을 위해서, 우리가 할 수 있는 것은 의외로 가까이 있습니다.

Q. 그냥 커피가 3000원 그리고 공정거래 커피가 4000원이라고 써 있는 경우, 여러분 마음속에는 어떠한 생각이 들까요?

이와 같은 것은 많이 있습니다. 아동 노동을 통해 만들어진 의류 보이콧, 인간의 존엄성과, 인간관계 파괴 등을 야기하는 비윤리적 착취를 통해서 만들어지는 제품에 대해 조금 더 관심을 갖고, 누가 어떻게 생산하여, 내 앞에까지 왔는지 그리고 수익은 어디로 흘러가는지 대해서도 우리는 고민이 필요합니다.

제3장

평화에 대해서

Goal . . . .

끊이지 않는 세계의 분쟁과 전쟁의 궁극적인 원인이 무엇인지 고민을 해 보며, 성경에서 말하는 샬롬의 가치의 유용성에 대해서 생각해 보고자 합니다. 이와 함께 화평케 하는 자로 부름받은 크리스천이 평화를 위하여 기여할 수 있는 부분을 고민해 봅시다.

지속 가능한 발전 목표와의 상관성(SDGs)

1. 빈곤 퇴치
빈곤의 원인을 알아보고, 이를 위해 우리가 참여할 수 있는 방법을 물색해 보기

2. 기아종식
인간의 기본적인 필요의 충족을 위하여, 취해야 하는 것을 알아보기

10. 불평등 감소
경제 구조에 심각한 불평등(공급채널, 성별, 지역별, 지식 격차 등에 따른)에 대한 해결점을 고민해 보기

16. 정의, 평화, 효과적인 제도
정의, 평화, 효과적인 제도의 밑바탕이 돼야 하는 가치와 태도에 대해서 논의해 보기

17. 지구촌 협력
다른 특수성을 가진 이들이 함께 협력할 수 있는 안전한 제도 구축에 대해 알아보기

Unit 1   평화의 의미

Unit의 목표(Objectives)

(1) 포괄적인 평화의 의미를 상기해 보기

(2) 현재 글로벌 분쟁들의 원인에 대해서 생각해 보기

(3) 성경에서 말하는 평화의 실재를 생각해 보며, 현실을 바라보기

세상 이야기

　현재 이 글을 쓰고 있는 시간에도, 아프가니스탄의 탈레반이 민간인들을 공격하고 있으며, 예멘, 시리아, 이디오피아뿐 아니라, 한반도, 크림반도 많은 곳에서 분쟁과 대치 상황이 지속되고 있습니다. 그 분쟁 가운데 어린아이들과 여성들은 많은 범죄에 노출되어 있습니다.[13] 약 2,850만 명의 어린아이들이 분쟁 지역에서 교육 기회를 박탈당하고 있다고 합니다.[14]

　두 차례의 세계 대전에서 총합 1억 명이 사망을 하였음에도 불구하고, 지속적으로 전쟁과 분쟁을 진행하고 있습니다. 현대의 전쟁은 점차적으로 다른 모습으로 변해 가고 있습니다. 재래식 전쟁의 모습에서 사이버 전쟁과 같이 교전의 방법이 다양해졌으며, 비대칭적 무기가 많아졌으며, 무엇보다, 전쟁을 통하여, 민간인들의 희생, 특히 여성들과 아이들의 희생이 더

---

13)　https://www.crisisgroup.org/global/10-conflicts-watch-2020

14)　https://www.jointsdgfund.org/sustainable-development-goals/goal-16-peace-justice-and-strong-institutions#:~:text=Peace%2C%20
stability%2C%20human%20rights%20and,important%20conduits%20for%20sustainable%20development.&text=The%20
Sustainable%20Development%20Goals%20(SDGs,solutions%20to%20conflict%20and%20insecurity.

증가하고 있습니다. 목표와 이념, 경제의 차이 등을 고려하더라도 점차적으로 늘어나고 있는 민간인들의 직간접적인 피해는 용납될 수 없습니다.

이것은 1949년 제네바 회의 등에서 지정한 교전의 규칙에 위배되는 일입니다. 제네바 조약에는 군사적 조치 필요의 원칙과, 민간인, 의료진, 포로 및 부상병자를 공격하는 것을 금지하고 있으며, 인도주의적 원칙을 지키며 대처하도록 하고 있지만 이러한 조약을 무시하는 행위들이 점차적으로 많아지고 있습니다. 특히 국가 단위의 전쟁 당사자가 아닌, 알카에다나 ISIS 등의 비국가 테러 단체들이나, 국가 내의 소규모 집단에 의해서 자행이 되는 폭력행위들은 교전의 규칙이 무시되어 피해자들이 늘어나고 있습니다.[15]

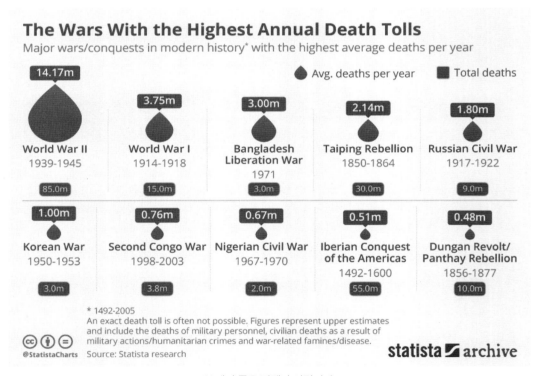

20세기 주요 전쟁과 사망자 수

15) https://ihl-databases.icrc.org/applic/ihl/ihl.nsf/INTRO/365?OpenDocument

Q. 여러분이 현재 알고 있는 세계 분쟁 지역은 어디인지 아는 대로 적어 볼까요?

	분쟁 당사국(집단/지역)	분쟁 이유	심각도
1			
2			
3			
4			
5			
6			
7			

전쟁과 분쟁의 이유

각각의 전쟁과 분쟁마다, 이유와 원인이 있으며, 이는 어느 당사국에 물어보느냐에 따라 다를 것이라고 생각합니다. 하지만 그들이 말을 하는 그 이유의 내면에 조금 더 깊이 들여다보면 세 가지의 원인으로 구분이 될 수 있을 듯합니다. 그 세 가지는 욕심, 방어, 그리고 보복의 차원입니다.

첫 번째, 자원이나, 영토, 무역 이익 등을 더 얻기 위해서(욕심) 일어나는 분쟁입니다. 두 번째, 자국이 타국의 공격 대상이 되어, 자기 방어권을 사용하여 자국의 이해관계를 지키기 위해서(방어) 시작된 전쟁입니다. 세 번째, 보복을 목적으로 시작되고 끝나지 않은 전쟁과 분쟁도 많이 볼 수 있습니다.

교황청과 WCC는 분쟁의 이유를 이와 같이 말을 하고 있습니다.[16]

Poor Governance(무능한 거버넌스)

Corruption(부패)

The rise of sectarianism(종파주의의 대두)

Militant secularism(호전적인 세속주의)

Exclusive nationalism(배타적 민족주의)

Populist movements(포퓰리즘 운동)

Regional domination(지역 지배 영향력 강화욕)

Global economic inequalities(세계 경제 불평등)

---

16) https://www.oikoumene.org/sites/default/files/File/EducationforPeace_booklet_nocropsFINAL-web.pdf

Q. 욕심 때문에 일어난 분쟁은 어느 분쟁을 생각해 볼 수 있을까요?

십자군 전쟁은 단순한 종교적인 신앙심에서 시작된 것이 아닌, 각 계층(성직자, 상인, 노예, 군인 등)들이 명예, 재산, 해방, 지속된 권리 등 여러 가지 이유에서 시작되었습니다. 특히 2~6차 십자군 원정으로 넘어가면서, 이러한 것은 더욱 도드라진 것을 역사는 기록합니다. 십자군이 오히려 크리스트교 신자들의 지역(1202-1204 카톨릭 지역인 자라 지역 공격) 등을 약탈한 사실도 역사적인 사실입니다.[17]

Q. 방어하기 위해서 일어난 분쟁은 어디가 있을까요? 이러한 분쟁에 대해서, 여러분 생각은 어떤가요?

Q. 보복이 목적이 된 분쟁이나 전쟁은 무엇이었을까요?

---

17) https://worldhistoryproject.org/1202/11/10/siege-of-zara

단순히 무력을 사용하여 다투는 것만이 분쟁이나 전쟁이 아니라, 코로나 사건에서 보여진 분배의 문제, 상호간의 경제 제재조치, 자원의 무기화 갈등 등 모든 부분을 통틀어 평화의 정신을 깨며, 인류의 공동체 정신을 해치는 모든 행위를 우리는 바람직한 것이 아닌 것으로 봐야 할 것입니다.

우리가 갈망하고, 추구해야 하는 평화는 무엇일까요? 단순히 다투지 않은 소극적인 대치 상태 유지가 평화가 아니라는 것을 한반도에서 살고 있는 우리는 알고 있습니다.

평화는 단순히 전쟁의 부재 상태가 아닌, 모든 삶이 바른 관계 가운데 번성하는 것으로 보며, 이를 위해 평화를 추구함과, 정의 그리고 화해가 함께해야 합니다.

성경에서 들어 보기

"인간의 표상인 아담과 하와의 범죄로 인하여 하나님과의 평화, 그리고 상호간의 평화의 균형이 처참히 무너지게 되었다"라고 성경은 말을 하고 있습니다(창세기 3장 23~24절). 그 이후, 아담과 하와의 자녀인 가인과 아벨의 이야기에서, 죄로 인해 무너진 관계와 그 파급효과를 우리는 볼 수 있습니다(창세기 4장 8절). 죄를 다스리지 못한 가인은 아벨을 쳐 죽여 버립니다. 그 뒤로 창세기에 그려진 인간 사회의 모습은 비대칭적 살인을 자랑하던 라멕의 자랑과 같이, 살인과 폭력의 일상화가 되는 것을 볼 수 있습니다.

"보시기에 좋았더라"라고 말씀하시던 그 세계, 벗음에도 부끄러워하지 않았던 완전한 관계에서 하나님과 그리고 타인과의 무너진 관계는 역사의 시작부터 지금 이 순간까지 이어지고 있습니다.

죄와 욕심에 의한 다툼과, 분쟁, 전쟁 그리고 그 내면에 존재하는 미움, 증오, 시기심 등이 언제든 표출되어 버리는 것을 볼 수 있습니다.

야고보서 4장 2절

너희 중에 싸움이 어디로, 다툼이 어디로 좇아 나느뇨 너희 지체 중에서 싸우는 정
욕으로 좇아 난 것이 아니냐

인사로 많이 사용되는 '샬롬'은 '온전하다, 완전하다'라는 뜻을 가지고 있으며, 이는 단순이 문제나 분쟁, 아픔의 부재를 의미하는 것이 아닌 이보다 더 깊은 모든 면에서 흠이 없고, 순결하며, 정의와 공의가 지켜지며, 완전함을 뜻하고 있습니다.

하나님께서 아브람에게 복을 내리시며, "너는 장수하다가 평안히 조상에게로 돌아가 장사될 것이요"라며 축복하실 때 샬롬이라는 단어가 처음 등장하게 됩니다.

무너진 하나님과 그리고 인간관계에서, 하나님께서는 평화에 기반한 복과 소망을 그리고 번영의 가능성을 다시 보여 주시게 됩니다.

Q. 성경의 네러티브(이야기), 창조와 그리고 죄로 인한 하나님과 사람 간의 평화의 파괴의 이야기를 다시 한번 생각해 봅시다. 현 세계에 보이는 분쟁, 다툼 그리고 전쟁의 내부적 원인을 이해하는 데 어떤 도움이 되나요?

Q. 그리고 성경에서 말을 하는 평화의 회복의 메시지는, 세계 평화에 대한 숙제에 대해 어떠한 답을 제공해 주고 있나요?

마태복음 5장의 산상 수훈에서 "화평케 하는 자는 복이 있나니, 저희가 하나님의 아들이라 일컬음을 받을 것"이라고 예수님께서 직접 말씀하십니다. 분쟁과 분열 가운데에서 화평케 하는 자, 평화를 구축하는 자의 필요(Peacemaker)에 대해서 말씀을 하십니다.

분쟁을 일으키는 요인은 정말 많이 있습니다. 모든 사람들이 다른 배경과, 역사, 문화, 목표, 목적을 가지고 있는 가운데, 이러한 다양성이 넘치는 사회와 많은 목적과 목표가 교차하는 세계에서 과연 어떠한 태도를 가져야 할까요?

화해의 제자도의 저자 카통골레 주교는 집단과 국가를 이루는 각자에게 하나님은 독특성(Unique Particularities)을 부여하셨고, 이러한 독특함은 조화를 이루어 하나님께 영광이 되는 삶이 되어야 했으나, 죄로 인하여, 이러한 독특성이라는 선물은 나와 너가 다른 차이가 되고, 이것이 분쟁의 요인이 되고, 다툼과 살인, 시기 질투의 요인이 되며, 전쟁과 살인의 요인이 되었다 말을 합니다(Katongole and Rice 2008, 29).

즉 분쟁의 뒤에는 사회적, 경제적, 정치적, 인류학, 역사적 분쟁의 이유가 있지만, 더 깊은 곳에는 인간의 욕심과 시기가 있으며, 이보다 더 깊은 곳에는 원죄가 자리 잡고 있다고 말을 합니다. 그럼 다음 과에서 이러한 상황에서의 회복의 메시지에 대해서 논의해 볼까요?

Unit 2   분쟁 가운데 소망

Unit의 목표(Objectives)

(1) 분쟁의 이유의 복잡성 이해

(2) 종교와 분쟁의 연계성 이해

(3) 성경 가운데 기록된 분쟁의 근본과 해결을 위한 소망의 메시지를 알기

(4) 이 소망의 실재화를 위한 힘의 근원을 알아보기

세상 이야기

종교는 전 세계적으로 분쟁의 원인으로 많이 손꼽혀 왔습니다.

버트런드 러셀은《나는 왜 기독교인이 아닌가》라는 책을 통해 이렇게 말을 하였습니다.

"종교란 하찮은 이유로 죽이고 죽임을 당하려는 의지다."

그는 종교는 두려움에서 왔고, 그 두려움은 잔인함을 낳게 되고 이러한 잔인함과 두려움이 연합했을 때 이루어지는 일들을 우리는 보아 왔다고 얘기를 합니다. 독단적, 유일신을 믿는 개인적 확신들은 인류 문명의 발전에 그다지 공헌하지 않았고, 합리적인 교육을 받는 것을 방해라는 괴물과 같은 존재라고 합니다.[18]

다른 국가나 민족의 정신의 근간이 되는 타 종교에 대한 탄압과 함께, 정복/인종말살 등의

---

18)   버트런드 러셀, 《나는 왜 기독교인이 아닌가》, 사회 평론 2005.

정당화 작업에도 종교는 악용되어 온 것은 사실입니다. 십자군 전쟁 또한 11세기부터 13세기 말까지, 약 200년간 6차례에 걸쳐서 진행된 종교의 이름 아래 이루어진 전쟁이었습니다. 그 뒤에도 근래의 9.11 테러 사건 및 현재 중국의 위구르족 말살까지 종교와 사상에 연계된 많은 분쟁은 계속되어 왔습니다. 하지만, 이에 대해 단순히 종교와 신앙이 주 원인이라고 단정 짓는 것은 무리가 있습니다.

존 스토트는 종교 뒤에 숨어 있는 많은 악들이 있는데, 이러한 복잡한 분쟁의 원인들을 단순하게 종교라는 이슈라는 틀에 욱여넣어 접근하는 것이 더 위험하며, 문제해결에 방해가 된다고 말을 합니다. 이는 세속적인 학자들도 동일하게 말을 하고 있습니다. 세계 분쟁에 종교가 이용되고 있으며, 종교에만 손가락질을 하며 책임전가를 하다가 더 큰 것을 놓치게 된다고 말을 하고 있습니다(British Academy 2015).

그는 9.11 테러 사건을 예로 듭니다. 이 테러 사건은 흔히 이슬람 과격주의의 미국과 현대 서구 사회 시스템에 대한 도전으로 받아들여져 왔습니다. 하지만, 존 스토트는 9.11 사건을 잘 들여다보면, 몇 가지 다른 면을 쉽게 인지할 수 있다고 합니다. 이러한 사건에 뿌리에는 서구의 종교가 아닌, 서구 중심으로 진행되어 왔던 세계화, 세계 질서 구축, 현대화, 서구 중심의 민주주의 확산에 대한 정치와 문화적인 거부감이 담겨 있다고 합니다. 두 번째, 다른 곳이 아닌, 서구 중심의 자본주의의 아이콘과 같은 세계 무역센터가 목표가 되었다는 것은 테러집단과 그들을 따르는 이들이 겪고 있던 빈곤 상황에 반대편에 존재하는 세계 금융시스템에 대한 반기, 즉 경제적인 원인도 있다고 말을 합니다. 테러집단이 종교적인 이유를 든다 하여, 모든 종교를 악마화하는 것은 안 된다고 그는 말을 합니다(Stott 2006, 125).

Q. 여러분이 종교적 분쟁이라고 알고 있는 국제적 분쟁에는 어느 것이 있나요?

Q. 여러분이 생각한 종교적 분쟁과 전쟁은 전적으로 신앙의 차이에서 온 것인가요? 아니라면 어떠한 다른 원인들도 복합적으로 작용했던 분쟁인가요?

20세기만 돌아봐도, 나치의 유대인 학살, 이스라엘과 주변국의 여러 차례의 중동 전쟁, 이슬람 다른 종파의 세력 전쟁(예: 이란과 사우디 전쟁), 보스니아-코소보 사태, 인도-파키스탄 전쟁 등 끊임이 없었습니다. 또한 한 국가 내부에서도, 중국의 위구르 탄압, 소수 종교 탄압, 북아일랜드 분쟁과 같이 종교적인 원인이 내세워진 내전 등도 많이 있었습니다.

경제적, 지리적, 헤게모니, 자원 분쟁, 정치적 이념 및 사회적인 문제들과 융합된 것이 대부분임을 우리는 볼 수 있습니다.

분쟁은 더 깊고 끈질긴 분쟁 토착화를 낳기도 하지만, 분쟁 과정 뒤에 화해와 회복의 과정을 통하여 새로운 시작이 가능하게 된 경우도 있었습니다.

분쟁 상황 속에서도 그 과정 가운데 정의가 구현되며, 진실이 밝혀지며, 결국에는 용서와 화해로 그리고 평화의 자리로 갈 수 있다는 것 그리고 그러한 과정에 중요한 역할을 종교의 가르침을 통하여 가능하게 될 수 있음을 인정해야 합니다. 종교를 분쟁의 이유로 문제화하며 회복과 평화를 위한 과정에 중요한 구성원을 이루는 데에서 종교와 신앙을 제외를 한다면, 인류는 놓치는 것이 더 많을 것임을 알 수 있습니다.

다음으로 넘어가기 전에, 한 가지 고민을 해 봐야 하는 것이 과연 정의로운 전쟁이 가능한 가에 대한 논의입니다. 무조건 다투지 않고, 총을 들지 않아야 한다는 평화주의자들의 논리는 과연 옳은 것일까요?

Q. 여러분의 생각에는 정의로운 전쟁이 가능한가요?

Q. 더 큰 악을 막기 위해서 전쟁이 필요할 때도 있을까요? 정당방위 차원에서의 전쟁은 어떠한가요? 혹은 "살인하지 말라"라는 십계명의 제5 계명대로 이러한 모든 것이 잘못된 것일까요?

전쟁 관련하여 국제적인 협약이 존재합니다. 민간인들에게 피해가 가지 않도록, 의료진과 부상자, 포로들에 대한 대우, 생화학무기, 불특정 다수를 사망으로 이끌 수 있는 대량살상무기 사용금지 등 19세기부터 존재하던 관습법이 1899년과 1907년의 헤이그 협약에서, 그리고

1949년 제네바 협약 등을 통하여 보편적 국제법이 되었고 그리고 현재도 지속적으로 업데이트가 되고 있는 전쟁 및 분쟁에 관련된 지켜야 할 선에 대해서 국제법은 굳건히 존재하고 있습니다. 또 다른 의미로 이러한 교전의 규칙의 존재는 전쟁과 분쟁의 정당한 규칙 아래에서의 교전국의 군사적 전쟁 진행에 대해서 그 필요성을 인정하는 것이기도 합니다. 한국전쟁에서도 적군 전쟁 포로들에 대한 대우 등이 관습과 같이 잘 지켜져, 이러한 미약했던 국제 전쟁 관련 관습에 큰 좋은 선례를 남기기도 하였습니다.

성경에서 들어 보기

성경에서 지혜를 얻을 필요가 있습니다. 예수 그리스도의 산상수훈 가르침 가운데 화평케 하는 일에 대한 하나님의 명령을 압니다. 그리고 원죄의 영향이 인간이 갖고 있는 여러 형태의 욕심으로 표출되어, 전쟁과 분쟁이 이어짐을 보았습니다.

그렇다면, 예수 그리스도의 구속과 그를 통한 회복의 성경적 내러티브를[19] 보면서, 전쟁과 분쟁에 대해서 우리는 어떻게 바라봐야 할까요?

로마를 상대로 유대인의 왕이 되어 주길 바라고 있던 이들에게 예수님은 자기를 희생하며, 잠시 있다 없어질 일시적 정치적인 목적을 추구하기보다, 진정으로 모두가 필요로 하는 회복과 구원의 제물로 자신을 내어 주었습니다. 그가 말하던 오른쪽 뺨을 맞으면, 왼뺨을 내어 주는, 겉옷을 요구받으면, 속옷까지 내어 주는, 악을 선으로 갚는 사상을 실제로 구현하였습니다.

---

19) 창조 → 타락 → 구원 → 회복

로마서 8장 32절

자기 아들을 아끼지 아니하시고 우리 모든 사람을 위하여 내주신 이가 어찌 그 아들과 함께 모든 것을 우리에게 주시지 아니하겠느냐

마태복음 5장 38-48절

또 눈은 눈으로, 이는 이로 갚으라 하였다는 것을 너희가 들었으나 나는 너희에게 이르노니 악한 자를 대적지 말라 누구든지 네 오른편 뺨을 치거든 왼편도 돌려 대며 또 너를 송사하여 속옷을 가지고자 하는 자에게 겉옷까지도 가지게 하며 또 누구든지 너로 억지로 오리를 가게 하거든 그 사람과 십리를 동행하고 네게 구하는 자에게 주며 네게 꾸고자 하는 자에게 거절하지 말라 또 네 이웃을 사랑하고 네 원수를 미워하라 하였다는 것을 너희가 들었으나 나는 너희에게 이르노니 너희 원수를 사랑하며 너희를 핍박하는 자를 위하여 기도하라 이같이 한즉 하늘에 계신 너희 아버지의 아들이 되리니 이는 하나님이 그 해를 악인과 선인에게 비취게 하시며 비를 의로운 자와 불의한 자에게 내리우심이니라 너희가 너희를 사랑하는 자를 사랑하면 무슨 상이 있으리요 세리도 이같이 아니하느냐 또 너희가 너희 형제에게만 문안하면 남보다 더 하는 것이 무엇이냐 이방인들도 이같이 아니하느냐 그러므로 하늘에 계신 너희 아버지의 온전하심과 같이 너희도 온전하라

예수님을 체포하러 온 이들을 향해 정당방위차 칼을 들은 베드로에게 예수님은 "칼을 쓰는 사람은 칼로 죽을 것이다"라고 말씀을 하셨습니다. 비록 전쟁과 분쟁이, 정당한 목적일 수도 있고, 더 큰 악을 막기 위하여 필요할 수도 있습니다. 하지만 궁극적으로는 진정한 문제를 해결하지 못한다는 점을 예수님은 보여 주셨습니다.

카탕골레 주교는 개인의 영역 그리고 공적인 영역에서의 회개를 언급하며 굉장히 중요한 부분을 집어 주고 있습니다. 세상 사람들은 자신이 아닌 남을 탓하며, 손가락질하며, 무기를 들 때 예수 그리스도의 회복을 위한 희생을 이해하는 크리스천은, 이러한 분쟁들 가운데, 오히려, 문제의 근원이 자신에게 있음을 인정하며 무관심이 아닌, 회개를 해야 한다고 말을 합니다. 이러한 태도만이 화해의 소망이 피어난다고 말을 합니다.

이러한 회개가 없이 우리는 변화될 수 없으며 그 의미는 우리가 속한 사회와, 국가 그리고 세상 또한 변화될 수 없다고 말을 합니다(Katongole and Rice 2008, 103).

로마서 7장 21-24절

그러므로 내가 한 법을 깨달았노니 곧 선을 행하기 원하는 나에게 악이 함께 있는 것이로다 내 속사람으로는 하나님의 법을 즐거워하되 내 지체 속에서 한 다른 법이 내 마음의 법과 싸워 내 지체 속에 있는 죄의 법으로 나를 사로잡는 것을 보는도다 오호라 나는 곤고한 사람이로다 이 사망의 몸에서 누가 나를 건져내랴

Q. 세상 죄를 위하여, 자기를 바친 예수님[20]을 묵상해 볼 때, 정의와 평화의 구원을 위해서 크리스천들에게 리더십을 요구하고 있습니다. 이에 대해 여러분의 느끼는 바를 적어 봅시다.

---

20)   요한복음 1장 29절 "이튿날 요한이 예수께서 자기에게 나아오심을 보고 이르되 보라 세상 죄를 지고 가는 하나님의 어린 양이로다"

Q. "화평케 하는 자는 복이 있나니, 그들이 하나님의 아들이라 일컬음을 받을 것임이요"에서 말을 하는 '화평케 하라'는 명령을 우리는 어떻게 이행할 수 있을까요?

Unit 3 　화평케 하는 자

Unit의 목표(Objectives)

(1) 평화의 필요성에 대해서 생각해 보기

(2) 평화를 위한 종교 특히 기독교의 의지와 성경적 근거에 대해 논의해 보기

(3) 평화를 위해 우리가 할 수 있는 것(이웃, 지역, 국가)을 성찰해 보기

세상 이야기

　미국의 9.11 사건, ISIS의 중동과 전 세계에 걸친 테러 행각들, 아프가니스탄 외 흔히 종교적 분쟁이라 일컫는 전쟁들을 보면서, 종교적인 이유보다 더 근본적으로 많은 원인들이 있다는 것을 보았습니다. 종교를 분쟁의 이유를 단순화하는 것은 문제를 해결하기보다는 더욱 악화하는 것임을 보았습니다.

　오스 기네스도 극단적 무신론자들과, 정교분립자들은 종교를 공공의 영역에서 최대한 멀리 떨어지게 하려, 흠집을 내고 있다고 말을 합니다.[21] 이러한 종교에 대한 억압은 종교가 가지고 있는 문제해결을 위한 잠재력 또한 억압을 하는 것입니다.

　기나긴 흑백차별 정책 아파르트헤이트 이후에, 1990년 5월 남아프리카 공화국은 중요한 분

---

21) (Guinness 2013, 17) "One Trend is the general disdain for religion that leads to a discounting of religious freedom, sharpened by a newly aggressive atheism and a heavy-handed separatism that both call for the exclusion of religion from public life"

기점에 서 있었습니다. 흑인 정권을 일으켜, 그간의 백인우월주의자, 정치세력, 옛 농장 주인 및 각종 혜택을 누려 왔던 자들에게 피의 복수를 할지, 함께 공존할 수 있는 국가를 만들어서 세계 앞에 새로운 화해의 모델이 되어 줄지의 분기점에서 1984년 노벨평화상 수상자인 데스몬드 투투 주교 등은 남아공을 무지개 국가라 칭하며, 다양한 인종과 민족들이 연합할 수 있는 이상을 나누었습니다. 복수심이 가득하였던 아프리카 국민의회(ANC) 리더들과, 종교 지도자들 간의 대화들을 주선하면서, 국가 기능의 정상화를 이끌었고, 만델라 대통령이 남아공의 수장으로 오른 후에 진실과 화해 위원회의 회장을 이끌면서, 그의 기독교 신앙을 기반으로 한 화해와 회복의 과정을 이끌었습니다.

데스몬드 투투 주교는 세 가지 원칙을 세웠습니다.

(1) 인권 유린을 자행한 이들의 숨김 없는 자백
(2) 법적인 사면을 통한 용서
(3) 가해자의 피해자에 대한 보상

당시의 남아공의 법무부 자료를 보면, 성경의 회개와 용서, 공의와 사랑에 대한 원칙이 적용되었습니다.

진실과 화해의 위원회를 통해서, 약 21,000명의 피해자들이 진술서를 제출하였고, 2,000명 가량이 공개 진술을 하였습니다. 그리고 위원회는 7,112개의 사면 신청서를 받았고, 그중 849건은 사면 인정, 5,392건은 불인정되어, 사법적 처리 진행 그리고 남은 건은 사면 신청서가 신청자에 의해서 철회가 되었습니다.

> "성경은 우리로 하여금 용서와 회개에 대해서 알려 줍니다. 그리고 죄의 사면/구원
> 에 대해서도 성경은 말하지만, 이는 하나님의 정의와 항상 함께함을 우리는 직시해
> 야 합니다."

이 당시의 회의록에 기록된 말이었습니다. 성경의 권위에 대해서도 많은 조심스러운 논의가 있었음을 볼 수 있습니다. 예를 들어서, 많은 인종우월주의자들은 그들의 행위를 성경에 근거한다고 주장하며 사악한 시스템을 유지해 왔습니다. 하지만 동일한 성경을 근거로 화해와 용서를 논하는 것에 대한 거부감도 있었던 것으로 이해할 수 있습니다.[22]

또한 피해자 입장에서 모든 범죄가 진실과 화해 위원회를 통해서 사면된 것은 아니었습니다. 마땅히 죄값을 치러야 하는 범죄는 법적 기소를 통해서 사회적 정의가 이루어질 수 있습니다. 하지만 적어도 사회적 화합을 위해서, 정부가 해야 하는 사회적 정의를 구현에 회복과 화합의 가능성을 제공해 준 것이라 볼 수 있습니다.

---

22)   https://www.justice.gov.za/trc/special/party1/acdp.htm

Q. 진실과 화해를 위한 노력은 남아공뿐 아니라, 한국 또한 친일파 청산, 민주화 과정 가운데 겪어야 했던 과거사에 대한 청산 부분에 유사하게 진행이 되었습니다만, 진실과 화해 그리고 용서가 함께 진행된 남아공의 모델과는 여러 차이가 있어 보입니다. 여러 가지 과거의 잘못을 청산하는 과정 중, 위의 사례를 보면서 어떤 부분이 필요하다고 생각하나요?

Q. 용서가 결여된 진실을 밝히는 노력의 한계는 무엇일까요?

Q. 진실이 결여된 용서와 화해는 가능할까요?

Q. 우리 주변에도 많은 전쟁과 분쟁, 내전, 분열이 있습니다. 이러한 화해의 노력이 시급하다고 생각하는 국내의 문제나 분열은 무엇이 있을까요?

Q. 여러분이 이러한 분쟁해결을 위해 피택된 정책 결정자라면 어떻게 접근하시겠습니까?

인종 말살의 대명사와 같은 독일 나치의 유대인 아우슈비츠 형무소에 구금되었다가 생존한 에바 모제즈 코르는 이런 말을 합니다.

"용서는 강력한 것이라 생각합니다. 그것은 공짜이며, 그리고 그것은 가능합니다. 부작용도 없습니다. 세계는 징벌이 아닌 용서가 필요합니다."

레위기 19장 18절

원수를 갚지 말며 동포를 원망하지 말며 이웃 사랑하기를 네 몸과 같이 하라 나는 여호와니라

성경에서 들어 보기

이전 과에서 본 마틴 루터 킹의 명연설과 그의 삶에도 성경의 메시지가 함께 담겨 있음을 볼 수 있었습니다.

그는 연설 중에 그는 이런 말을 합니다.

"우리는 용서할 수 있는 능력을 키워야 합니다. 용서의 힘을 무시하는 자는 사랑의 힘 또한 무시하는 것입니다. 가장 악한 자에게도 선한 면이 있을 수 있듯이, 우리 모두에게도 악한 면은 있습니다. 우리가 이것을 인지한다면, 우리의 적을 덜 미워하게 될 것입니다."[23]

용서받은 자의 비유를 여러분은 알고 계실 겁니다.

마태복음 18장 32-35절

이에 주인이 저를 불러다가 말하되 악한 종아 네가 빌기에 내가 네 빚을 전부 탕감하여 주었거늘 내가 너를 불쌍히 여김과 같이 너도 네 동관을 불쌍히 여김이 마땅치 아니하냐 하고 주인이 노하여 그 빚을 다 갚도록 저를 옥졸들에게 붙이니라 너희가 각각 중심으로 형제를 용서하지 아니하면 내 천부께서도 너희에게 이와 같이 하시리라

예수님은 1만 달란트 빚진 자가 탕감을 받는 은혜를 받았으나, 100데나리온을 자신에게 빚진 자를 용서하지 못하여, 이와 같이 멸망에 이르는 모습을 알려 주십니다. 우리 모두, 크든 작든 죄인이며, 탕감받은 자라는 것을 인식하고 있다면, 더욱 용서와 자비의 마음이 앞서게 될 것입니다. 이것이 진정한 크리스천이 가져야 하는 마음이며, 이 진정한 탕감의 의미를 깨달은 겸손한 자들이 평화의 메시지, 용서의 메시지를 공공의 영역에서 전달을 해야 한다고 많은 이들을 통해 말하고 있습니다.

---

23) "We must develop and maintain the capacity to forgive. He who is devoid of the power to forgive is devoid of the power to love. There is some good in the worst of us and some evil in the best of us. When we discover this we are less prone to hate our enemies."

Q. 나를 남보다 낮게 여길 수 있는 겸허함을 갖는 것과 평화의 실현과 연결점이 보이나요?

Q. 세상의 분쟁과 분열에 대해서, 관심과 연대적 책임을 갖는 것이 쉽지는 않습니다. 하지만 화평케 하신 그리스도 예수께서, 그냥 두어도 상관이 없었을 인간들을 위해서 성육신으로 오신 것을 묵상해 본다면 그리고 평화가 없는 곳으로 성육신적인 마음과 태도로 나가기를 원하시는 부르심에 우리의 반응은 어때야 할까요?

정리해 보면 카통골레 주교는 세상에 평화가 없고, 분쟁이 있고, 분열과, 욕심에서 불거진, 원죄로부터 시작된 현 상황에 대해 네 가지를 말을 합니다.

첫째, 우리는 기도해야 한다.
둘째, 통곡해야 한다.
셋째, 회개해야 한다.
넷째, 성육신의 삶을 본받아, 평화의 사도로 말씀의 표본적인 삶을 우리가 속한 곳
에서 살아야 한다. (Katongole and Rice 2008)

이번 장에서는 분쟁과 평화에 대해서 보았습니다. 근본적인 문제는 인간 사회에 존재하는 욕심과 그 바탕에 존재하는 죄로 인함이며, 이에 대한 해결을 위해 크리스천들이 세계를 품고

겸허히 기도하며, 통곡하며, 애통해하며, 회개하며, 예수 그리스도께서 사신 것처럼 공공의 영역에 성육신적 삶으로 나가야 합니다.

세상은 종교의 목소리를 그리고 크리스천의 실천적 말씀이 기반하는 지식과, 기술과 태도와 가치를 억압하며, 문제를 단순화하며, 종교의 목소리를 막고 있습니다. 그리고 세계 평화를 위한 종교와의 대화라며 이루어지는 회의나 컨퍼런스에는, 종교적 신앙과 그들의 전통과 정경 기반의 그리고 공익과 공공선을 위한 지혜를 듣기보다는, 국제 기구가 가지고 있는 아젠다를, 홍보 채널인 양 종교에 소속된 사람들에게 잘 전달해 달라는 일방적인 소통이 대부분임을 알 수 있습니다(British Academy 2015, 70-72).

종교의 영향력을 과대평가해도 안 되지만 과소평가하는 것도 위험하다는 목소리가 흔히 국제 기구, 정부 기구 등에서 들려오는 목소리입니다.

Q. 여러분은 이 생각에 동의하시나요?

Q. 실질적으로 크리스천들이 할 수 있는 것은 무엇이 있을까요?

Q. 아래의 빈칸에 여러분의 생각을 적고 나누어 볼까요?

할 수 있는 것	개인적으로	집단적으로
교육의 중요성		
포용의 필요		
진리 추구		
하나님의 형상		
평화 과정에 대한 인식		
타인에 대해		
언론에 대한 시선		
말씀		
화해에 대해		

저도 한번 적어 보았습니다.

할 수 있는 것	개인적으로	집단적으로
교육의 중요성	세계의 현실에 대해서 공부해야 한다.	바르고 평등한 시각의 교육이 이루어지도록 해야 한다.
포용의 필요	다른 이에게 귀를 기울여야 한다.	서로 듣고 소통할 수 있는 장을 마련해야 한다.
진리 추구	진리를 추구하고, 찾고 연구해야 한다.	값싼 포퓰리즘에 빠지지 않도록 해야 한다.
하나님의 형상	내 안에 하나님의 형상이 회복되도록 개인 영성에 힘써야 한다.	상호간에 하나님의 형상으로 만들어졌음을 인정해야 한다.
평화 과정에 대한 인식	인내해야 한다.	평화와 화해의 모멘텀이 꺾이지 않도록 해야 한다.
타인에 대해	자기의 욕심을 버려야 한다.	집단이 가지고 있는 아젠다와 목적을 재정비해야 한다.
언론에 대한 시선	공부하여, 필터링을 하면서 언론의 기사 등을 봐야 한다.	거짓 뉴스 등을 막으며, 자정능력을 기를 수 있도록 해야 한다.
말씀	말씀을 통해 개인 영성을 가꾸어야 한다.	말씀을 통하여 지역과 국가의 영적 건강과 민감함을 가져야 한다.
화해에 대해	성경의 지혜 그리고 예수 그리스도께서 몸소 보이신 모델의 삶을 살아야 하며, 성육신적 삶에 대해 묵상하며, 자신감을 가져야 한다.	세상의 소리를 들으며, 성경의 원리를 자신 있게 제시 할 수 있어야 한다.

Q. 지금 여러분 주변에 분쟁과 분열이 있나요? (예: 가족, 친구, 교회, 학교, 지역, 국가 등)

Q. 그 분열에 현장에서 여러분이 먼저 해야 할 것을 무엇일까요?

Q. 그 분열의 현장에서 여러분에 공공의 현장에서 가지고 갈 수 있는 메시지는 무엇이고, 어떠한 방법으로 여러분은 이것을 전달하며 제시를 할 수 있을까요?

마태복음 5장 9절

화평케 하는 자는 복이 있나니 그가 하나님을 볼 것임이요

CASE STUDY

영국 케임브리지에 Relational Peace Building이라는 단체가 있습니다. 관계 지향적 평화 촉진 계획이라고 하여, 분쟁이 있는 곳에, 성경의 원칙으로 해결방식을 제시하는 곳입니다.

성삼위 하나님은 관계 중심적이시며, 이러한 관계의 유지를 위해서, 죄를 미워하시며, 비록 타락하였지만 율법으로 사람들이 상호 간에 조화 있게 살기를 바라시며, 인간과 함께하시는 임마누엘로 성육신 예수 그리스도를 보내셨으며 관계 회복을 하나님과 인간 그리고 인간간의 관계를 중요시한다는 성경적 원칙 아래(Mills and Schluter 2012, 12), 남아공, 수단, 르완다 등의 분쟁 및 과거사 해결 등에 조언을 하였으며, 한반도 분쟁 상황에 대해서도 정부, 국제 회

의 및 교계에서도 적극적인 목소리를 내고 있는 곳입니다.

평화, 안정 그리고 인류 번영의 꿈은 모든 국가들이 바라는 것이라고 우리는 믿습니다.

A Bilateral Free Trade Deal Between Two Koreas

on 15 8월, 2021

We should never give up on the hope for long-term peace, and even eventual unification of the Korean Peninsula, eve...

경제적 보상으로 한반도에 평화를 가져올 수 있는가?

on 2021년 6월 2일

RPI believes that a significant insight has been provided by the Seoul-based think tank

장기적이고 지속 가능한 한반도 평화를 위한 전략으로써 상호 융합 발전

on 14 7월, 2021

RPI's primary goal is to contribute to bringing long-term and sustainable peace in the Korean peninsula. We b...

한반도 평화 달성을 위한 점진적인 접근법

on 2021년 5월 10일

RPI's proposal for an incremental Bilateral Free Trade Agreement (BFTA), starting with the agricultural secto...

비록 이곳의 모든 의견과 정책 제시안에 동의를 하는 것은 아니지만, 이렇게 성경적 원리를 적극적으로 분쟁 지역 문제에 접목시켰다는 점, 그리고 세속적인 공간에서도 실질적인 안을 제시하고, 지속적으로 로비 활동을 하고 있는 점을 큰 의미를 두고 있습니다.

이와 같은 평화를 위한 노력을 우리 또한 할 수 있기를 바랍니다.

제4장

다문화와 다양성

Goal ·

이번 장에서는 세계화로 인하여 우리가 접하게 되는 다문화 및 다양성에 대한 논의해 보려 합니다. 다양한 다문화 교육, 다양성 인정 등의 기반이 되는 포용성, 연대성 등에 대해서 생각해 보며, 하나님의 형상으로 다양하면서도 고유하며 다양하게 창조된 이웃을 어떻게 대해야 하는지 고민해 봅시다.

지속 가능한 발전 목표와의 상관성(SDGs)

4. 양질의 교육
교육의 기회 제공의 필요성, 균형된 교육 제공 필요성에 대해 알아보기

5. 성평등
성차별에 대한 부분 그리고 젠더 이슈에 대한 접근성 검토해 보기

10. 불평등 감소
경제 구조의 심각한 불평등(공급채널, 성별, 지역별, 지식 격차)에 대한 해결점 고민해 보기

11. 지속 가능한 도시와 공동체
함께 공존할 수 있는 공동체의 모습과, 그 안의 특수성에 대한 존중 방법 알아보기

Unit 1   하나님의 형상으로

Unit의 목표(Objectives)

(1) 하나님의 형상의 의미 점검(Imago Dei)

(2) 창조의 질서와 혼동된 현실 점검

(3) 창조의 목적과, 현세대의 다문화 정책에 대해 고민해 보기

(4) 우리 안에 있는 이문화 포용력에 대한 점검

세상 이야기

표면적으로 제국주의와 식민지시대가 종료되고, 냉전시대도 종식되어 밝은 미래가 기대되었지만, 21세기에 들어서도 끊임없이 이어지는 글로벌 이슈들 가운데 한 가지는 세계화가 심화되며, 여러 문화 간의 접점이 늘어나는 가운데 인종, 성별 및 종교 외 많은 차이로 야기되는 갈등입니다. 이와 함께 앞 장에서 나눈 전쟁이나 분쟁 등으로 인해 지속적으로 발생되는 난민 및 경제적 난민 문제에 대한 국내 및 국제적인 논쟁 등 또한 끊이지 않고 있습니다.

어떤 이슈는 외부적으로 표출되어 국제적인 문제 등으로 확장되어 분쟁, 소송, 전쟁 등으로 이어지지만, 그보다, 더 넓게는 우리 내부적으로 가깝게 우리의 사회와, 지역 내에서도 이러한 오해, 분쟁, 차별과 증오 등이 내외면적으로 존재하고 있는 것입니다.

세계 질서의 기준이 되고자 하는 유엔 헌장의 제1조에 다음과 같은 문구가 있습니다.

제1조 3항

경제적 · 사회적 · 문화적 또는 인도적 성격의 국제문제를 해결하고 또한 인종 · 성별 · 언어 또는 종교에 따른 차별없이 모든 사람의 인권 및 기본적 자유에 대한 존중을 촉진하고 장려함에 있어 국제적 협력을 달성한다.

대다수 국가의 인권관련 법의 기반이 되는 세계 인권 선언에서도 전문(preamble)에 이와 같이 선언합니다. [24)]

한번 문자 문자의 의미를 생각해 보며 한번 읽어 볼까요?

모든 인류 구성원의 천부의 존엄성과 동등하고 양도할 수 없는 권리를 인정하는 것이 세계의 자유, 정의 및 평화의 기초이며, 인권에 대한 무시와 경멸이 인류의 양심을 격분시키는 만행을 초래하였으며, 인간이 언론과 신앙의 자유, 그리고 공포와 결핍으로부터의 자유를 누릴 수 있는 세계의 도래가 모든 사람들의 지고한 열망으로서 천명되어 왔으며, 인간이 폭정과 억압에 대항하는 마지막 수단으로써 반란을 일으키도록 강요받지 않으려면, 법에 의한 통치에 의하여 인권이 보호되어야 하는 것이 필수적이며, 국가 간에 우호관계의 발전을 증진하는 것이 필수적이며, 국제연합의 모든 사람들은 그 헌장에서 기본적 인권, 인간의 존엄과 가치, 그리고 남녀의 동등한 권리에 대한 신념을 재확인하였으며, 보다 폭넓은 자유 속에서 사회적 진보와 보다 나은 생활수준을 증진하기로 다짐하였고, 회원국들은 국제연합과 협력하여 인권과 기본적 자유의 보편적 존중과 준수를 증진할 것을 스스로 서약하였으며, 이러한 권리와 자유에 대한 공통의 이해가 이 서약의 완전한 이행을 위하여 가장 중요하므로,

---

24)   https://www.ohchr.org/EN/UDHR/Pages/Language.aspx?LangID=kkn

이에, 국제연합총회는,

모든 개인과 사회 각 기관이 이 선언을 항상 유념하면서 학습 및 교육을 통하여 이러한 권리와 자유에 대한 존중을 증진하기 위하여 노력하며, 국내적 그리고 국제적인 점진적 조치를 통하여 회원국 국민들 자신과 그 관할 영토의 국민들 사이에서 이러한 권리와 자유가 보편적이고 효과적으로 인식되고 준수되도록 노력하도록 하기 위하여, 모든 사람과 국가가 성취하여야 할 공통의 기준으로서 이 세계인권선언을 선포한다.

첫 부분의 '천부의 존엄성' 부분의 천부는 영어로는 inherent, 즉 태어날 때부터 갖고 태어나는 것, 하늘에서부터 주어진 것이라고 한국어로는 명시하고 있습니다. 그 의미를 한번 기억해 보면 좋을 것 같습니다.

Q. 현재 우리 주변의 인종/문화/배경/종교 및 여러 가지 이유로 존재하는 불평등의 문제와 분쟁을 생각해 봅시다. 그 속에 존재하는 괴리감에 대해 여러분의 생각은 어떠한가요?

2020년 5월 25일 미국의 조지 플로이드 씨가 백인 경찰들에 의해서, 체포 중 질식사하는 상황이 발생하여, 전 세계적으로 다시 한번 인종차별과 불평등한 대우에 대하여, 경각심이 고취되는 사건이 발생하였습니다.

이와 함께, 코로나 바이러스의 확산과 이와 함께 늘어난 같은 국가 내에서도 인종차별적인 폭력과 불신의 표현, 특히 동양인들을 향한 증오범죄의 확산은 전 세계적으로 공분을 일으키게 되었습니다. 백신 배급 및 사재기 등에서 드러난 유럽과 북미의 선진국들과 후진국, 특히 구식민지 국가와의 불평등의 모습 또한 존재하는 차별을 각인시켜 주었습니다.

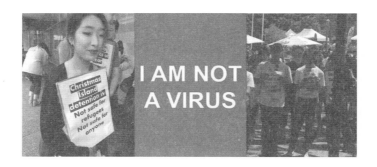

2015년 9월 2일 시리아의 내전을 피하여 유럽으로 이주를 하던 시리아 가족의 배가 난파되고, 이에 3살짜리 어린이 쿠르디 군이 터키의 한 바닷가에 축 쳐진 채 발견된 모습은 난민의 존재와, 그들의 목숨을 건 여정 그리고 그들을 대하는 많은 국가들의 폐쇄적인 정책 그리고 그 결과를 전 세계의 사람들에게 거울과 같이 보여 주었습니다.

우리와는 멀리 떨어진 일이라고 생각했던 난민 관련 문제가 결코 그렇지 않은 것임을 느낄 수 있는 사건들이 요즘 발생하고 있습니다.

2018년 예멘 '난민 혹은 경제 이주민' 561명이 단체로 제주에 도착했을 때, 온 나라가 들끓은 일이 있었습니다. 이들을 환영하는 소수의 목소리도 있었지만, 대부분은 이들의 난민지위 적용 가부에 대한 목소리를 높였고, 목적이 있는 경제적 이익을 추구하는 이들의 계획적 불법이 민이라고 이들에 대해서 거부를 하는 목소리가 대부분이었습니다. 또한 이들에게 대해서, 범죄자 그리고 이들이 믿는 이슬람교와 연관된 편견이 담긴 루머 및 가짜 뉴스들이 전국적으로 많은 이들의 관심 혹은 공분을 자아냈습니다.

당시에 진행된 한국 리서치[25]에 따르면 응답자의 24%가 수용 찬성을 밝혔으며, 반대는 56% 그리고 청와대 국민 청원에도 기록적인 숫자의 사람들이 반대의 의견을 보였습니다. 결과는 어떻게 되었을까요? 그들 중에 549명이 난민지위를 신청했고, 2명만 난민지위를 받고 412명은 인도적 체류 허가를 받았습니다. 56명은 불인정자, 14명은 바로 출국을 하였습니다. 이러한 사건들이 의견에 대한 찬반을 떠나, 우리가 갖고 있는 포용에 대한 민낯을 보여 주는 한 사건이었다고 생각합니다.

이뿐 아니라 2021년 아프가니스탄의 대탈출 사태에서도 391명을 한국 정부에서 특별공로자로 인정받아 준 사례가 있었습니다. 이에 대해서 상당한 부정적인 시각이 있었습니다.[26]

2020년 11월 기준 한국에는 222만 명의 외국인들이 거주하고 있으며, 이는 한국 인구의 4.3%를 차지하고 있습니다. 인구의 5% 이상이 넘어갈 때에, OECD에서는 '다문화 사회에 진입했다'라고 표하기에, 한국도 공식적으로 1, 2년 뒤면, 다문화 사회의 진입을 앞두고 있습니

25) https://hrcopinion.co.kr/archives/tag/%EB%82%9C%EB%AF%BC
26) https://news.sbs.co.kr/news/endPage.do?news_id=N1006443549

다. 외국 기업의 파견 주재원, 귀국한 재외동포 등도 있지만, 많은 이들이 결혼 이주민이며, 이들의 자녀들 또한 포함하면, 이미 우리 주변에는 많은 이문화인들이 우리와 함께 생활을 하고 있을 것입니다. 하지만 우리 주변에는 아직 많은 문화적 배타심에서 시작된 많은 소식들을 듣고 있습니다. 가정폭력 대상이 되는 결혼이주여성, 임금의 차별을 받는 이들, 열악한 환경에서 이등시민으로 살아가는 많은 이들이 있습니다.

2018년 BBC가 발표한 Ipsos Mori의 글로벌 조사에 따르면 한국인은 배경과 문화, 견해가 다른 이들에게 얼마나 관용적이냐는 조사에 약 20%만이 매우 관용적이다고 답을 하여, 조사 대상 27개국 중에 26위, 세계적 평균 46%에 현저히 못 미치는 것으로 나타났습니다.

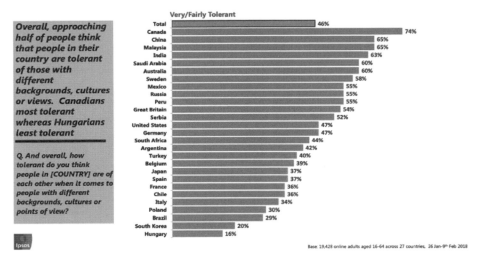

타 문화/배경에 대한 포용성 조사 (한국은 헝가리 다음으로 포용성이 낮게 조사)[27]

27)   https://www.ipsos.com/sites/default/files/ct/news/documents/2018-04/bbc-global-survey-a-world-divided-2018.pdf

Q. 여러분은 우리 주변에 있는 우리와 다른 배경의 외국인 이민자, 난민, 다문화 가족 등에 대해서 어떠한 생각을 갖고 있나요?

성경에서 들어 보기

우리는 시선을 나와는 다른 점/차이 등에 집중하기 쉽습니다. 하지만 창조된 우리는 다름이라 칭하기보다는 독특함, 독창성, 유일성이란 차원으로 한번 생각을 해 보면 어떨까요? 그러면서 인간으로서 보편적인 공통점을 함께 찾아보면 좋지 않을까요? 전 세계인의 지문이 다다르며, 홍채가 다른 것처럼, 누구 하나도 완벽히 같은 사람이 없이, 우리는 창조되었습니다.

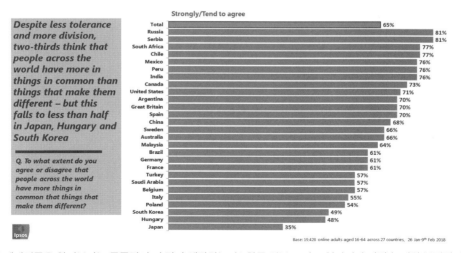

질문-세계인들은 차이보다는 공통점이 더 많다 생각하는가? 한국 일본 그리고 헝가리가 과반수 이상 부정적인 답

하지만 앞서 언급한 조사에서 한국인들은 공통점보다는 다른 국가에 비해서, 차이점에도 민감한 것으로 나타났습니다.

창세기 1장 26절에 중요한 사상이 나옵니다. 이마고데이Imago Dei(image of God), 즉 우리는 하나님의 형상으로 창조를 되었다는 것을 상기시켜 줍니다.

창세기 1장 26절

하나님이 가라사대 우리의 형상을 따라 우리의 모양대로 우리가 사람을 만들고 그로 바다의 고기와 공중의 새와 육축과 온 땅과 땅에 기는 모든 것을 다스리게 하자 하시고

하나님의 형상을 따라 창조된 인간이며, 창조물인 우리의 세부적인 것까지 하나님은 알고 계시며 그분의 사랑의 손을 놓지 않음을 우리는 배웠습니다.

물론 Imago Dei에 대한 학자들의 평은 다소 다른 점이 있습니다. 이것은 하나님의 형상의 의미가 아닌, 관계성을 뜻한다고 평한 학자들도 있으며, 신의 형상은 보편적이 아니라, 신자에게만 해당이 되는 선택적인 신의 형상이라고 평하는 학자들도 있습니다.

디모데전서 2장의 하나님을 묵상해 본다면, 하나님의 인간에 대한 사랑과 천부적인 존엄성, 그리고 그의 기반이 되는 하나님의 형상의 내재성은 누구에게만 국한되는 것이 아닌 보편적이라고 보는 것이 더 타당하지 않을까요?

디모데전서 2장 4-6절

하나님은 모든 사람이 구원을 받으며 진리를 아는 데에 이르기를 원하시느니라 하나님은 한 분이시요 또 하나님과 사람 사이에 중보자도 한 분이시니 곧 사람이신 그리스도 예수라 그가 모든 사람을 위하여 자기를 대속물로 주셨으니 기약이 이르러 주신 증거니라

요한복음 3장 16절

하나님이 세상을 이처럼 사랑하사 독생자를 주셨으니 이는 저를 믿는 자마다 멸망치 않고 영생을 얻게 하려 하심이니라

Q. 하나님의 형상으로 여러분도, 그리고 여러분의 이웃도, 난민들도, 외국인 노동자도, 다른 종교와, 다른 성향을 갖은 이들 및 우리가 잘 모르는 문화의 사람들까지도 지어졌다는 말씀에 여러분은 어떻게 생각하세요?

영국의 보수적 신학자 Diepe 및 여러 우파 신학자들은 서구 국가 정부의 다문화 포용 정책에 문제를 제기하면서, 이것은 기독교 문화를 기반으로 성장해 온 국가 정체성의 근간을 뒤흔들고 있다고 말을 합니다. 모든 문화를 같은 기준으로 수용할 수 없으며, 악한 관습을 어떻게 받아들일 수 있는가 하며, 여성 할례나, 명예 살인 등을 얘기를 합니다. 모든 문화는 생각과, 가치관, 종교관이 함축되어 있는 것이기 때문에, 이를 인정하고 포용하는 것은 결코 크리스천으로서, 할 수 없는 일이라 말을 합니다.

Q. 여러분 주변에 존재하는 문화에서 여러분이 알고 있는 악습(악한 풍습)이 있을까요?

Q. 여러분이 생각하는 악습(예: 명예 살인)의 기준은 무엇인가요?

Q. 여러분 자신이 속한 문화에서는 여러분이 기준으로 삼는 것에 맞지 않는 것이 있지는 않은지 생각해 볼까요? 성경적 가치에 맞지 않지만, 여러분의 문화 속에 수용하는 관습이 있지는 않은가요?

하나님의 형상으로 지어진 우리들 모두는 특별합니다. 우리의 다양성은 죄가 아니며 우리 모두는 일률적으로 창조되지 않았습니다. 하지만 타락으로 인하여, 다양성을 받아들이지 못하는 적대 의식과, 두려움 등이 우리로 하여금 마음의 담을 쌓게 만들었고, 이러한 마음의 담이 집단적으로 쌓였을 때, 증오와 불신의 불포용적 문화가 정당화된 것을 알 수 있습니다.

동생을 죽인 후 가인의 두려움을 한번 상기해 보면 좋을 것 같습니다. 자신이 모르는 땅으로 쫓겨가는 그의 마음에 생긴 타인에 대한, 그리고 타 문화에 대한 두려움을 볼 수 있습니다.

창세기 4장 13-14절

그러자 가인이 이렇게 말하였다. '내 벌이 너무 가혹하여 감당할 수 없습니다. 주께
서 오늘 이 땅에서 나를 쫓아내시니 내가 다시는 주를 뵙지 못하고 떠돌아다니는
방랑자가 되어 나를 만나는 자에게 죽임을 당할 것입니다.'

그는 자신이 지은 죄에 대한 두려움과 회개보다, 타 문화인들에 의한 두려움을 더욱 크게
느끼고 있었습니다.

물론 모든 문화를 여과없이 받아들여야 한다는 것은 아닙니다. 우리의 문화를 포함하여 모
든 문화에는 내재된 죄와 그로부터 흘러온 관습 등이 응축되어 있는 것은 마찬가지입니다.

반면에 이방인 며느리 룻이 이스라엘에 포용되었을 때에, 아름다운 하나님의 구원의 계보
가 이어지는 것을 볼 수 있습니다.

영국 기독교 싱크탱크인 티오스(Theos)의 조나단 채플린(Jonathan Chaplin)도 그와 같이 말
을 합니다. 여과 없이 모든 문화를 존중하자고 하는 것은, 인간의 타락과 그 결과에 따른 회복의
필요성에 대한 이해의 부족함을 나타낸다고 말합니다. 비록 모든 문화에는 진리의 흔적이 있을
수 있지만, 교회 또한, 인간의 타락의 영향을 받아, 완벽하지 않으며 모두가 타 문화에 대한 단순
한 인정 혹은 비인정의 논의에서 한발 더 나아가, 우리 자신부터 점검하여 개혁(transformation)
으로 함께 나가야 한다고 얘기를 합니다. 타 문화 그리고 자신의 문화 내에 존재하고 있는 불
의를 직시하며 동시에 공동의 가치와 공공선을 위한 협력의 필요성을 인정하며 자아 성찰을
통한 회개와 개혁의 추진이 필요하다고 말을 합니다(Chaplin 2011).

Q. 이에 대한 여러분의 생각은 어떠한가요?

Unit 2　타락한 세상과 그리스도의 가르침

Unit의 목표(Objectives)

(1) 인간의 타락이 포용성에 미친 영향 생각해 보기

(2) 예수 그리스도의 구원이 다양성에 대한 포용과 화해에 미치는 영향을 생각해 보기

(3) 그리스도의 구원의 의미가 세상에 드러난 여러 사례들을 돌아보기

세상 이야기

　앞에서 우리는 세상의 문화 간의 차이로 인한 증오와 미움이 여러 형태로 표출이 되는 것을 보았습니다.

　21세기 초까지 포용적인 이민 정책을 펼쳤던 영국에서는 미국 세계 무역 센터에 테러에 이어 2005년 7월 7일 영국 런던 시내에서 일어났던 7.7 테러 사건 등 일련의 테러 사건의 주동자들이 대부분 영국 국적의 이슬람 근본주의자라는 것이 드러나자, 다문화 포용 정책에 대한 비판의 목소리가 숫구치기 시작합니다. '이슬람 국가'(ISIS)라는 중동과 북아프리카에서 활동을 하는 테러 집단에 영국[28] 국적자가 최소 400명에서 수천 명에 달한다는 기사가 나왔을 때, 영국 내에서는 큰 분노가 일었습니다. 그간 노동당 정권하에 이민자 수용 그리고 다양한 문화들을 인정하며, 그들의 고유의 모습을 지켜 가며 함께 살 때에, 평화롭고 공영적인 공동체 정신이 배양될 것이라는 그들의 믿음은 무너지고, 정책 변화의 필요성이 강조되기 시작하였습니다.

---

28)　https://www.independent.co.uk/news/uk/home-news/syria-civil-war-mi6-fears-jihadist-enemy-within-9554429.html

2011년 영국 총리 데이빗 카메룬은 "정부 주도의 다문화 정책은 각각의 문화가 거리를 두고 생활을 지속하게 하였으며, 영국의 중심 문화에서(Mainstream) 멀어지게 되었고, 이러한 다문화 집단들은 종종 영국의 공익에 반하는 행동 등을 하여 이러한 정책은 실패함을 증명하였다."라고 선언하였습니다. [29]

영국의 포용적 다문화 정책을 이끌어 왔던 토니블레어 전 총리 또한 자신의 초기의 의견에 후회가 담긴 의견을 발표를 하였습니다. "영국인이라면, 준법정신, 폭력과 차별 등과는 상관이 없는 영국 시민으로의 가치를 선택이 아닌 반드시 지켜야 할 의무가 있으며, 이러한 의무는 종교나 문화적인 관습보다 우선이다."라고 발표를 합니다. [30]

국가라는 한 지붕 아래에 있으면서도 연합하지 못하고, 공동의 목표를 바라보지 못하는 모습에 대해서 유명한 랍비 조나단 삭스는 "사회가 집(home)이 아닌 호텔(hotel)처럼 되어 버렸다."라고 비유하였습니다. 지리적으로는 한 지붕 아래 있지만, 전혀 다른 방향으로 가는 것은 바람직한 모습이 아니라고 말을 합니다. [31]

다문화 정책은 용광로와 샐러드볼, 두 가지로 비유되곤 합니다.

용광로와 같이, 뜨겁게 달구어 각 문화가 가지고 있는 특성 등을 녹여서, 단일한 문화를 추구하는 것이 바람직한 정책인지, 샐러드볼처럼 각각 야채가 각자의 맛과 영양 등 특수성을 유지하면서 샐러드 그릇 안에서 맛있게 공존하는 것이 더 나은 정책인지 등을 볼 때 결론을 내리기 쉽지 않다는 것을 알 수 있습니다.

---

29)   https://www.gov.uk/government/speeches/pms-speech-at-munich-security-conference
30)   https://www.politics.co.uk/news/2006/12/08/blair-warns-of-duty-to-integrate/
31)   https://rabbisacks.org/rabbi-sacks-home-build-together/

성경에서 들어 보기

다양성에 대한 구체적인 고려 없이 진행되는 획일적인 세계 시민 교육, 그리고 국가 내의 시민 교육 또한 주류문화우월주의가 지속이 되게 하는 역할을 하고 있다고 비판을 합니다. 또 반면에 다양성을 지나치게 강조하게 되면 약해지는 사회 통합성에 대해서 어떻게 봐야 할까요?

개인적인 경험이기도 합니다만, 한국에서의 다문화 가정 프로그램들을 보면, 조금은 달라지는 모습도 보이긴 합니다. 하지만 대부분이 한국어 배우기, 김치 만들기, 한국 문화 배우기 등, 한국의 주류 문화를 다문화인에게 심어 주는 식의 일방통행적인 교육이었음을 인정해야 할 것입니다.

Q. 문화적, 그리고 그 안의 역사적 배경 등의 다양성에 대한 존중과, 사회 화합과 공동 목표를 위한 공동체 구축 사이에 우리는 어떠한 방법이 가장 옳을까요? 그리고 동화(assimilation)와 화합(integration)의 두 정책의 차이에 대해서 생각을 해 봅시다.

Salad Bowl(샐러드볼)과 Melting Pot(용광로) 둘 다 장단점이 있습니다.

이에 대해 성경은 어떻게 얘기할까요? 한 가지의 문화로의 흡수를 말을 하고 있을까요? 상호 존중에 대해서 더 말을 하고 있을까요?

죄로 인하여, 타락한 인류 문명에는, 기독교 문화 안에도 결코 순수하고, 깨끗한 문화는 존재하지 않습니다. 주류 문화라고 하여, 다수가 받아들이는 관습이라 하여, 결코 완벽하지 않으며, 동시에 각각을 포용을 해야 한다 하여, 악습을 받아들일 수는 없는 것입니다.

디엡(Dieppe)과 같은 보수 기독교계인들은 말을 합니다. 어떻게 이슬람의 샤리아법을 크리스천으로서, 포용이라는 이름을 받아들일 수가 있냐고요.

예수님은 뭐라 하였을까요? 선한 사마리아인의 비유를 드셨을 때 예수님은 배경이나 종교가 아닌, 인간으로서의 존엄성과 당연히 서로 돌아보며, 이웃이 되어 주는 아름다운 모델을 소개하셨습니다.

누가복음 10장 30-37절

그러자 예수님은 이렇게 대답하셨다. "어떤 사람이 예루살렘에서 여리고로 내려가다가 강도를 만났다. 강도들은 그 사람의 옷을 벗기고 때려서 반쯤 죽은 것을 버려두고 가 버렸다. 마침 한 제사장이 그 길로 내려가다가 그를 보고는 피해서 지나갔다. 그리고 어떤 레위 사람도 그 곳에 이르러 그를 보고는 피해서 지나갔다. 그러나 어떤 사마리아 사람은 여행 중에 그 길로 지나다가 그를 보고 불쌍한 생각이 들었다. 그래서 그는 다가가서 상처에 기름과 포도주를 붓고 싸맨 후 자기 짐승에 태워 여관까지 데리고 가서 간호해 주었다. 이튿날 그는 두 데나리온을 여관 주인에게 주면서 '이 사람을 잘 보살펴 주시오. 비용이 더 들면 돌아오는 길에 갚아 드리겠소' 하고 부탁하였다. 그러니 네 생각에는 이 세 사람 중에 누가 강도 만난 사람의 이웃이 되겠느냐?" 그때 율법학자는 "그 사람을 불쌍히 여긴 사람입니다" 하고 대답하였다. 예수님은 그에게 "너도 가서 그와 같이 실천하여라" 하고 말씀하셨다.

Q. 선한 사마리아인의 비유를 보면서, 진정으로 필요한 마음가짐은 어느 것일까요? (예: 종교적 관습, 배경, 정치적 배척?)

성경은 또한 그리스도의 몸의 비유를 사용하였습니다. 모습은 다르지만, 그리스도의 몸이며 지체라고 성경은 말을 합니다. 이러한 다르지만 하나인 연합성을 공공선을 위하여 이웃에게도 보일 수는 없을까요? (Smit 2018, 14)

고린도전서 12장 25-27절

몸 가운데서 분쟁이 없고 오직 여러 지체가 서로 같이하여 돌아보게 하셨으니 만일
한 지체가 고통을 받으면 모든 지체도 함께 고통을 받고 한 지체가 영광을 얻으면
모든 지체도 함께 즐거워하나니 너희는 그리스도의 몸이요 지체의 각 부분이라

마틴 루터 킹 주니어 목사의 유명한 발표문에서 우리는 성경의 근원이 됨을 볼 수 있습니다.

I have a dream today.
오늘 나에게는 꿈이 있습니다.

나에게는 꿈이 있습니다, 언젠가는, 사악한 인종차별주의자들이 있는 알라바마주,
연방정부의 법과 조치를 따르지 않겠다는 발언을 내뱉는 주지사가 있는 알라바마
주, 언젠가는 바로 그 알라바마주에서, 어린 흑인 소년들과 어린 흑인 소녀들이, 어
린 백인 소년들과 어린 백인 소녀들과 형제자매로서 손을 맞잡을 수 있을 것이라
는 꿈이 있습니다.

오늘 나에게는 꿈이 있습니다.

나에게는 꿈이 있습니다, 언젠가는, 모든 골짜기들은 메워지고, 모든 언덕과 산들은 낮아지고, 거친 곳은 평평해지고, 굽은 곳은 펴지고, 하나님의 영광이 나타나고, 모든 사람들이 다같이 그 영광을 보게 될 것이라는 꿈이 있습니다.

이것이 우리의 희망입니다. 이것이 나의 신념이며 그것을 가지고 저는 남쪽으로 가겠습니다.

이러한 신념을 가지고 우리는 절망의 산을 깎아서 희망의 반석을 만들 것입니다.

이러한 신념을 가지고 시끄러운 이 나라의 불협화음을 형제애의 아름다운 교향곡으로 변화시킬 수 있을 것입니다.

이러한 신념을 가지고 같이 일을 할 수가 있으며 같이 기도하고, 같이 투쟁하고, 같이 감옥에 가며, 자유를 위해 같이 일어설 수 있는 것입니다. 언젠가 자유를 얻을 수 있는 것을 알고 말입니다.

이날은 하나님의 모든 자녀가 "나의 조국, 당신의 자유의 즐거운 땅을 노래해, 나의 아버지가 묻힌 땅, 순례자의 긍지가 있는 땅, 모든 산에서 자유가 울리는 그런 땅."이라는 새로운 의미의 노래를 부를 수 있을 것입니다.

미국이 위대한 국가가 되고자 한다면 그것은 당연히 이루어져야 합니다.

그래서 뉴햄프셔주의 경이로운 언덕으로부터 자유가 울려 퍼지게 합시다. 뉴욕의 거대한 산맥들로부터 자유가 울려 퍼지게 합시다. 펜실베니아주의 높다란 엘리게니산맥으로부터 자유가 울려 퍼지게 합시다. 콜로라도주의 눈 덮인 록키산맥으로부터 자유가 울려 퍼지게 합시다. 캘리포니아주의 굽이진 비탈로부터 자유가 울려 퍼지게 합시다.

그것뿐만이 아닙니다. 조지아주의 스톤산으로부터 자유가 울려 퍼지게 합시다. 테네시주의 룩아웃산으로부터 자유가 울려 퍼지게 합시다. 미시시피주의 크고 작은 모든 언덕으로부터 자유가 울려 퍼지게 합시다. 모든 산으로부터 자유가 울려 퍼지게 합시다.

이렇게 될 때, 우리가 자유의 종이 울려 퍼지게 할 때, 우리가 모든 마을과 촌락, 모든 주, 모든 도시에서 종이 울리게 할 때 우리는 하나님의 자녀들이, 흑인과 백인이, 유태인과 이방인이, 신교도와 구교도가 손에 손을 잡고 그 옛날 흑인영가(흑인들의 정신이 깃든 찬송가)를 할 날을 앞당길 수 있게 됩니다.

"자유를 얻었다. 드디어 자유를 얻었어. 오, 전지전능한 하나님 감사합니다. 우리는 결국 자유를 얻고야 말았습니다."

Unit 3   내 이웃을 내 몸과 같이 사랑하기

Unit의 목표(Objectives)

(1) 다문화 포용과 소통에 대해서 고민해 보기

(2) 난민 및 강제이주민에 대한 논의해 보기

(3) 성경에서 말하는 나그네와 이웃 돌봄의 실천 방안 생각해 보기

세상 이야기

이러한 예수 그리스도의 가르침을 바탕으로 진행되었던 것이 있었습니다.

남아프리카의 진실과 화해 위원회는 진실을 숨기지 않고 찾아내지만 용서를 구하고, 용서해 주면서, 차별과 증오의 관계에서 화합의 시작이 마련될 수 있도록 하였습니다. [32] 1995년에 설립된 진실과 화해 위원회는 1960년부터 1994년까지 남아공에서 자행된 인종차별과, 문화적 증오의 범죄의 진실을 찾으려 하였습니다. 물론 완벽하지는 않았고, 자백한 모든 이들이 사면이 된 것은 아니었습니다. 약 7,111명 중에 5,392명의 범죄는 사면이 불허되었고, 849명만이 사면을 받고, 그 외의 사람들은 신청 취소를 하였습니다. 이와 같은 노력은 전쟁 후에, 책임자를 처형하였던 다른 국제적 후속 조치와는 다르게 성경의 가르침에 따라, 한쪽의 잘못만을 지적하는 것이 아니라, 모든 이들의 불완전함을 인정하며, 용서를 화해와 재건의 시작으로 삼았다는 것이 인상적입니다. 이와 관련하여, 남아공의 국회에서도, 성경은 용서와 회개에 대해서 우리에게 가르쳐 주며, 죄의 사함(사면)에 대한 가르침도 인용을 합니다. 하지만 하나

---

32)   https://www.theforgivenessproject.com/stories/desmond-tutu/

님이 사랑의 하나님뿐 아니라, 정의의 하나님이심을 인용을 하기도 합니다. [33]

여기에서 볼 수 있는 것이, 사회적인 문제 그리고 인종과 여러 문화 간의 관계에서도 어떻게 성경이 유용하게 사용될 수 있는가를 보여 주고 있으며 실질적으로 화목과, 공동체 정신 구축을 위해서, 함께 모여 정의와 화해를 고민하며, 이를 위한 열린 마음으로 필요성을 보여 주고 있습니다.

비록 현재 남아공의 모습이 바람직한 것과는 거리가 있지만, 또 다른 한편으로 본다면, 이러한 과정을 거쳤기 때문에, 비교적 사회가 안정적이지 않았나 합니다.

Q. 진실과 화해와 공의와 사랑의 하나님의 마음과 어떻게 연계가 되나요?

성경에서 들어 보기

바울은, 갈라디아서 3장 28절에 중요한 말을 하였습니다.

갈라디아서 3장 28절

너희는 유대인이나 헬라인이나 종이나 자유자나 남자나 여자 없이 다 그리스도 예

---

33) https://www.justice.gov.za/trc/special/party1/acdp.htm

수 안에서 하나이니라

Q. 위의 말씀을 보면서, 우리의 문화적 배경을 넘어 하나가 될 수 있는 가능성이 있을까요?

에스겔 47장 22절

너희는 이 땅을 나누되 제비 뽑아 너희와 너희 가운데 우거하는 외인 곧 너희 가운데서 자녀를 낳은 자의 기업이 되게 할찌니 너희는 그 외인을 본토에서 난 이스라엘 족속 같이 여기고 그들로 이스라엘 지파 중에서 너희와 함께 기업을 얻게 하되

성경을 악용하여, 타 문화와 그 속에 속한 자들을 배척하는 모습은 우리 주변에도 흔히 볼 수 있습니다. 배경이 다르며, 역사관이 다르며, 종교와 언어 등이 다르다 하여, 그들에게 천부적 존엄성이 없다고 생각하며, 그들의 문화를 천시하는 경향이 있지는 않나요?

사실, 서양의 선교사들의 활동을 들여다보면, 이러한 모습이 많이 있었습니다.
단순히 복음 전파가 아닌, 사회 개혁이나 현대화라는 명목 아래 민감한 문화적인 차이점에 대해서 조심스러운 접근이 아닌, 식민지 정복자와의 같은 태도로 다른 사회에 들어와 했던 노력들이 역효과를 낸 예도 있습니다.

노예 정책, 노예 거래, 전체주의 정권의 만행, 아파르트헤이드, 정말 많은 예가 있습니다. 다른 인종과 문화를 성숙하지 못한 이들처럼 대하며 행한 온갖 악행 뒤에는 교회도 있었던 것이

역사적인 사실입니다.

근래에도 이와 같이 폐쇄적이며 비판적인 접근 방식에서 벗어나지 못한 사람들도 많이 있는 것도 사실입니다. 한 가지 예를 소개해 드리겠습니다.

글로벌 시민이라는 뉴에이지적 운동에 동의할 수 없다는 주제로 (원제목 "Why I am not a New Age Global Citizen") 글을 쓴 러크만은 "인간의 본성과, 역사성, 세상이 말하는 자유와 성경의 자유의 차이점, 미래 목표의 방향성의 차이 그리고 영원한 삶에 대한 이해도가 없이 인위적으로 만들어지고, 교육되고 있는 글로벌 시민의 배후에는 선한 것이 없다."라고 주장했습니다(Ruckman 1999).

Q. 여러분은 러크만의 주장에 어떻게 생각하시나요?

세계가 다인종, 다문화, 사회가 되어 가는 현실 가운데 많은 교회들, 특히 도시 교회들이 이런 현상에 맞게 교회는 이에 대한 바른 모델과 행동의 본을 보여야 합니다.

남아공의 신학자 슈미트(Smit)는 "교회가 단순히 문제의 요인이 되는 것에서 벗어나 또한 문제가 있는 곳에 선도적인 역할을 감당하는 것뿐 아니라, 이러한 문화 간의 분쟁이 일어나기 전에, 예방을 할 수 있는 역할에 좀 더 구체적이며, 적극적이며, 선제적인 역할을 세상 가운데에서 맡아야 한다."라는 주장을 합니다.

Q. 기독교인들이 다문화 갈등에 선제적으로 할 수 있는 역할이 어떤 것이 있을까요?

문화, 역사관, 세계관, 언어, 인종 등은 궁극적으로는 정체성의 문제라고 페슬러(Fessler)는 말을 하고 있습니다. 세상 정부 내의 다문화 정책이나, 접근법에 많은 정치 경제적인 영향이 있고, 특히 크리스천들에게 비록 모든 관습, 문화적 상품과, 윤리적 가치 기반이 신앙 양심에 따라서 동등하게 받아들여질 수는 없지만 창조된 인간이 고유하게 가지고 있는 인간성은 우리의 당연한 사랑과, 관심을 요구하며, 그 안에 있는 일반 은총의 차원의 존중과 소통 그리고 공공의 선을 이루기 위한 이웃사랑의 실천을 위해 교회와 신앙인들의 적극적은 태도의 변화를 요구하고 있습니다(Fessler 2008).

그것을 실현할 수 있는 한 분야는 난민수용에 대한 것입니다. 예멘 난민에 대해서 앞에 나눈 부분이 있었습니다.

성경에서는 도피성을 언급합니다. 예수 그리스도 또한 어렸을 때 정치적인 음해세력을 피해 이집트로 도피하여 목숨을 구하였습니다.

신명기에서 말을 하는 도피성에 대한 설립 목적을 생각해 보며, 세계 안에서, 마땅히 보호를 해 주어야 하는 정부나 공동체에서 오히려 핍박과 살해 위협을 받아, 오갈 곳이 없는 이들에 대해서, 교회와 크리스천들의 태도는 달라야 하지 않을까요?

신명기 19장 3절

네 하나님 여호와께서 네게 기업으로 주시는 땅 전체를 세 구역으로 나누어 길을
닦고 모든 살인자를 그 성읍으로 도피하게 하라

스나이더(Snyder)는 난민들에 대한 불신과 미움은 두려움에서 온다고 말을 하며 개인과 집단이 갖는 두려움은 정치적인 무서운 도구가 되어 버린다고 합니다. 스나이더는 성경 안에 갈 곳이 없이 쫓겨난 아담, 그럼에도 불구하고 그를 입히신 하나님, 사도들의 떠돌이 생활 그리고 그들을 먹이고 재운 많은 그리스천들에 대해서 주목을 하고 있습니다. 성경은 이와 같은 이방 여인, 갈 곳 없이, 유대인 시어머니를 쫓아왔던 룻이 어떻게 복이 되는지 보여 주고 있습니다(Snyder 2011). 심슨(Simpson)은 성경 내에 연대, 공의, 환대, 돌봄, 옹호의 모습 또한 하나님의 형상을 기억하는 예배의 모습이라 말을 합니다(Simpson 2014).

Q. 여러분들이 다른 문화의 배경을 가진 사람들에게서도 비록 미세할지라도 하나님의 형상이 보이는지요?

크리스천이 세상을 향하여 제시할 수 있는 모형 중 한 가지는 환대의 모델(hospitality model)이라고 합니다. 성경의 가르침을 번역을 하고, 세상과 소통하든지 변증의 모델로 가든지의 갈림길에만 있는 것이 아니라, 기독교는 적이지만 나눌 수 있고, 배신할 것을 알면서도 떡을 떼며, 발을 씻기시며, 나그네와 과부와 같은 타인을 돌보라는 명령에 담긴 환대의 모델을 제시할 수 있어야 한다고 합니다(Bretherton 2009, 100).

Q. 크리스천은 환대의 모델을 보여야 한다는 것에 대한 여러분들의 생각은 어떠한가요?

Q. 사회적 소외된 이들에게 집중을 하다가, 그러한 구조를 재탄생시키는 정치경제적인 면을 놓칠 수 있는 부분에 대해서 어떻게 생각하며, 이러한 균형을 어떻게 우리는 맞추어야 할까요?

환경

Goal ·

이번 장에서는 시급한 환경 문제에 대해서 생각해 보려 합니다. 전 세계적으로 지구 온난화로 인한 온갖 자연재해가 매년 기록적으로 발생을 하고 있는 가운데 많은 국가와 단체들이 이를 해결하고자 머리를 맞대고 있습니다. 하지만 각각의 이해관계가 다르기에 통일된 행동으로까지 쉽사리 이어지지 못하고 있는 모습을 우리는 매일 보고 있습니다. 크리스천으로서 글로벌 환경문제에 대해서 어떻게 대해야 하는지 논의하며 책임감 있는 행동이 필요한 이유에 대해서 생각해봅시다.

지속 가능한 발전 목표와의 상관성(SDGs)

4. 양질의 교육
교육의 목적과 내용에 대해서 고민해 보기

6. 깨끗한 물과 위생
인간의 기본적인 필요이자, 삶의 근원이 되는 물의 보급과 인간의 존엄을 위한 위생을 위해 필요한 조치에 대해 고민해 보기

7. 모두를 위한 깨끗한 에너지
성장하고, 번영하는 데 필요한 에너지 보급에 대한 고민해 보기

11 지속 가능한 도시와 공동체
함께 공존할 수 있는 공동체의 모습과, 그 안의 특수성에 대한 존중 방법 알아보기

12. 지속 가능한 생산과 소비
생산과 소비 그리고 그 경제 구조 안에, 탐욕 대신, 절제와 공동체 정신 함양에 대해 생각해 보기

13. 기후 변화와 대응
기후변화와 그 영향의 파급효과와 시급성을 인지하고 다각적인 대응방법에 대해 생각해 보기

14. 해양 생태계 보전

대양, 바다 및 해양 자원의 보존과 지속 가능한 사용을 위한 대응방법에 대해 생각해 보기

15. 육상 생태계 보호

육상 생태계의 보존과 지속 가능한 사용을 위한 대응방법에 대해 생각해 보기

17. 지구촌 협력

경제 정의를 위해서, 필요한 협력/공동체 정신 함양에 대해 고민해 보기

Unit 1 　세계 환경 문제와 기독교

Unit의 목표(Objectives)

(1) 전 세계적 환경문제의 심각성 이해하기

(2) 환경문제에 대한 국제적 그리고 종교계의 움직임 이해하기

(3) 환경에 대해서 성경적 관점 이해하기

세상 이야기

　세계 기상 기구가 2020년 12월에 발표한 기후 변화에 대한 현재 상황을 보면,[34] 2020년은 지구가 기후적으로 가장 뜨거웠던 해였으며, 2011년부터 2020년까지의 10년은 역사상 가장 따뜻했던 기록을 남겼다고 발표하였습니다. 해수면 온도의 경우, 2020년 중 지구 해수면의 80% 이상이 폭염을 경험하였고, 기록적인 폭염, 산불, 홍수 그리고 허리케인이 발생한 한 해였다고 발표하였습니다. 산업화 이전 시대(1850-1990년)보다 약 1.2도가량 지구 기온이 올라갔으며, 북극의 빙하는 42년 만에 최저치에 가까운 규모를 보이고 있으며 이에 따른 해수면 상승과 자연 재해는 역사상 어느 기간보다 많았다고 합니다.

　환경 재해로 인해서, 이재민의 수 또한 엄청나게 늘어나고 있습니다. 유엔난민기구는 2019년 기후 변화로 인해 140개국의 2500만 명 이상의 사람들이 살 곳을 옮겨야 했다고 합니다.

---

34)　https://public.wmo.int/en/media/press-release/2020-track-be-one-of-three-warmest-years-record

2050년에는 약 2억 명의 사람들이 영향을 받을 것이라 예상을 하고 있습니다. [35]

그 가운데 놀랍게도 대한민국은 세계 7위의 온실가스 배출 국가입니다.

이러한 환경문제가 지속되고 있는 가운데, 세계 시민으로서, 그리고 크리스천으로 우리는 어떠한 경각심을 가져야 할까요? 우리의 어떠한 행동과 마음가짐이 필요할지에 대해서 생각해 보고 논의해 보도록 합시다.

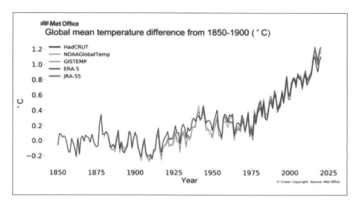

Global annual mean temperature difference from preindustrial conditions (1850–1900). The two reanalyses (ERA5 and JRA-55) are aligned with the in situ datasets (HadCRUT, NOAAGlobalTemp and GISTEMP) over the reference period 1981–2010. Data for 2020 are from January to October. [36]

Q. 여러분들이 현재 겪고 있는 환경 재해(미세먼지 등)가 있나요? 없다면, 앞으로 예상이 되는 환경 재해에 대해서 들어 본 것이 있나요?

35)   https://www.unhcr.org/news/latest/2020/11/5fbf73384/climate-change-defining-crisis-time-particularly-impacts-displaced.html
36)   https://www.unhcr.org/news/latest/2020/11/5fbf73384/climate-change-defining-crisis-time-particularly-impacts-displaced.html

Q. 지속되고 있는 환경문제의 근본적인 원인은 어디에 있다고 생각하시나요?

Q. 인간의 채울 수 없는 욕심일까요? 책임 없는 행동? 환경에 대해 관심을 갖지 않는 사회와 집단? 여러분들 생각은 어떠세요?

2016년 11월 4일 파리 기후 협정이 발표되었습니다. 전 세계 대부분의 국가가 서명을 하고 이행하고 있습니다. 물론 미국은 트럼프 전 대통령이 탈퇴를 하였지만, 재가입을 하고 있습니다. 내용은 산업화 시기 이전 대비 2도 정도 상승한 온도를 유지하고, 궁극적으로 1.5도 이하로 제한하기 위해서 각 국가들이 목표치를 설정하고, 정책적 우선순위에 이를 두는 노력을 하기로 한 것입니다. 2005년에 발표되었던 교토 의정서도 미국, 중국, 인도, 캐나다, 일본, 러시아 등이 전부 탈퇴 및 비준을 하지 않음으로 국제사회는 실패를 경험한 적이 있습니다. 2021년 스코틀랜드에서는 COP26이라는 제26차 유엔기후변화협약 당사국 총회가 진행이 되었습니다. 비록 여러 가지 합의가 있었고, 기후변화 적응 기금 마련, 개도국에 대한 자금 및 기술 지원 확대, 메탄 가스 감축 등 여러 가지 가시적인 성과도 있었지만, 전체적으로는 현 환경 상황을 생각해 볼 때 너무 부족한 수준이라는 데에는 이견이 없는 듯합니다. [37]

---

37)   https://www.mofa.go.kr/www/brd/m_4080/view.do?seq=371781

1967년 린 화이트는 〈생태계 위기의 역사적 기원〉이라는 논문을 통해서, 생태계 파괴와 성경의 연계성에 대해서 주목을 하였습니다. 생태계 파괴 그리고 자연에 대한 정복자 적인 시각과 태도에 대해서 이렇게 그는 말하였습니다.

"사랑이 많고 전능한 하나님은 점차적으로 빛과 어둠을 창조하고, 천체와 지구, 그리고 지상의 식물과 동물, 새와 물고기를 창조했다. 마지막으로 하나님은 아담을 창조한 후 그를 외롭게 하지 않으려고 이브를 창조했다. 인간은 모든 동물에 이름을 부여했고, 그래서 그들을 지배하게 되었다. 하나님은 인간을 이롭게 하고 인간이 다른 피조물을 지배하도록 하기 위해 이 모든 것을 계획했다. 모든 물리적인 창조물들은 단지 인간의 의도에 봉사할 뿐 다른 목적은 가지고 있지 않다. 인간의 몸이 흙으로 만들어졌을지라도 인간은 단순한 자연의 일부가 아니라. 인간은 신의 형상을 따라 만들어진 것이다."(White 1967)

Q. 여러분은 린 화이트 박사의 분석에 동의를 하시나요?

Q. 그렇게 생각하는 이유는 무엇인지 논의해 봅시다.

성경에서 들어 보기

창세기 1장 28절

하나님이 그들에게 복을 주시며 하나님이 그들에게 이르시되 생육하고 번성하여
땅에 충만하라, 땅을 정복하라, 바다의 물고기와 하늘의 새와 땅에 움직이는 모든
생물을 다스리라 하시니라

천지창조 내용 중에, 창세기 1장 28절의 사람에게 복을 주시며, 생육하고, 번성하고, 땅에
충만하고, 땅을 정복하고, 다스리라 하신 이 명령이 큰 논쟁을 일으킨 것은 사실입니다. 린 화
이트 박사도 이 명령을 서구 기독교 문화에서는 자연을 인간 중심적으로 그리고 과학과 기술
로 정복하고 개량하고, 취해야 하는 즉 착취적인 관계를 당연시 여겨지게 한 것으로 주목하였
습니다. 그는 기독교가 비순환적이고 직선적인 세계와 자연관을 가졌다고 비판하였습니다.
이에 대해 많은 학자들과 신학자들의 반박도 있습니다만, 이 Cultural Mandate라고 불리는 문
화 명령의 실현에 큰 문제가 있었던 것도 사실입니다.

존 스토트 목사는 정복이나 지배의 의미가 협력과 책임의 의미를 띤다고 말합니다(Stott
2006, 148-50). 자연과 그 안의 생물들과 자원들을 억누르는 정복자가 아닌, 협력하고, 경작
하여, 풍성함에 이르도록 하게 하는 협력적 모습을 뜻한다고 해석하였습니다.

레위기 25장 4절

일곱째 해에는 그 땅이 쉬어 안식하게 할지니, 여호와께 대한 안식이라 너는 그 밭
에 파종하거나 포도원을 가꾸지 말며 네가 거둔 후에 자라난 것을 거두지 말고 가
꾸지 아니한 포도나무가 맺은 열매를 거두지 말라 이는 땅의 안식년임이니라

협력적인 모습 돌보는 모습이 기대되고 있었음을 보여 줍니다. 그리고 존 스토트 목사는 이것이야말로 책임 있는 다스림의 모습이라고 하였습니다.

시편 24장 1편

땅과 거기에 충만한 것과 세계와 그 가운데 사는 자들은 다 여호와의 것이로다

자연은 인간의 소유가 아닌, 맡겨진 것이라고 합니다. 희년의 명령을 보면, 7년이 7번이 지난 후 희년에 모든 땅은 원주인이나 지파에 돌아가야 한다고 말씀하십니다. 인간의 계획과 계약에 의한 것이 아닌, 창조와 구원 그리고 축복의 차원에서 맡겨진 땅과 자연을 잘 경작해야 하는 임무가 인간에겐 있다 합니다.

창세 사역 중 6일간 보기에 좋았더라 하시며 만족하셨던 그분을 기쁘게 하였던 모든 자연과 자연 환경의 이치를 마지막 날에 인간을 창조하시고, 그간의 모든 것들을 정복하고, 파괴하고, 훼손하라고 하시지는 않으셨을 것 같습니다.

Q. 우리와 선조들은 인간과 자연과의 관계를 어떠한 관점으로 대하였다고 보나요?

성경 전체를 통해서 환경과 그 안의 자연을 지극히 사랑하시는 하나님의 모습을 볼 수 있습니다.

한 예로 노아의 방주 사건에서도 하나님은 다양성을 중요시하시며, 인간뿐 아니라 생명을 보전하게 하시는 모습을 볼 수 있습니다.

창세기 6장19-20절

혈육 있는 모든 생물을 너는 각기 암수 한 쌍씩 방주로 이끌어들여 너와 함께 생명을 보존하게 하되새가 그 종류대로, 가축이 그 종류대로, 땅에 기는 모든 것이 그 종류대로 각기 둘씩 네게로 나아오리니 그 생명을 보존하게 하라

또한 가축과 같은 생명을 괄시 하는 태도에 대해서 악인이라 정죄하십니다.

잠언 12장 10절

의인은 자기의 가축의 생명을 돌보나 악인의 긍휼은 잔인이니라

그리고 예수님의 비유에도 이러한 면을 쉽게 볼 수 있습니다.

마태복음 6장 26-30절

공중의 새를 보라 심지도 않고 거두지도 않고 창고에 모아 들이지도 아니하되 너희 천부께서 기르시나니 너희는 이것들보다 귀하지 아니하냐 너희 중에 누가 염려함으로 그 키를 한 자나 더할 수 있느냐 또 너희가 어찌 의복을 위하여 염려하느냐 들의 백합화가 어떻게 자라는가 생각하여 보라 수고도 아니하고 길쌈도 아니하느니라 그러나 내가 너희에게 말하노니 솔로몬의 모든 영광으로도 입은 것이 이 꽃 하나만 같지 못하였느니라 오늘 있다가 내일 아궁이에 던지우는 들풀도 하나님이 이

렇게 입히시거든 하물며 너희일까보냐 믿음이 적은 자들아

새들과 동물들을 하나님께서 직접 기르신다고 말씀하십니다.

들의 백합화를 자라게 하시며 그리고 그 영광이 인간의 손으로 만들 수 있는 어느 것보다 승하다고 하십니다. 성경은 들풀까지도 입히시는 하나님이라고 말합니다.

이렇게 자연을 사랑하시고, 그 안에 있는 모든 동식물을 사랑하시며, 생태계를 귀하게 보시며, 이를 돌보기 위해 자신의 형상으로 만드신 인간이 돌보도록 하셨음을 볼 수 있습니다.

Q. 현재 우리가 경험하고 있는 환경 재해와, 훼손, 결코 돌이킬 수 없는 온난화, 해수면 상승이 기록적으로 진행되고 있는 가운데, 우리의 자연과 그 안의 생물에 대한 태도는 어떻게 달라져야 할까요?

Unit 2 환경을 위한 노력들

Unit의 목표(Objectives)

(1) 환경을 위한 그동안의 전 세계적인 노력을 알아보기

(2) 성공과 실패의 원인을 알아보기

(3) 종교계의 참여 영역을 생각해 보기

(4) 회개의 필요성을 생각해 보기

세상 이야기

산업혁명시대부터 공해에 대한 인지는 있었으나 본격적인 환경보호에 대한 필요성이 대두된 것은 20세기 중반경입니다. 무분별한 산업화와 생화학 핵 무기 경쟁 영향으로 생태계가 파괴되며, 환경 오염에 의한 영향 및 급속한 인구 증가와 함께 도시 환경의 악화 등, 복합적인 문제들이 늘어나면서 정책 결정자들과 일반인들은 드디어 본격적인 관심을 보이기 시작하였습니다. 1970년 4월 22일 첫 지구의 날이 제정되고, 유엔의 주도로 1972년 스톡홀름 유엔 인간 환경 회의가 열리게 되었습니다.

	주요 회의	목표
1972년	스톡홀름 유엔 환경 인간 회의	유엔 환경 프로그램이 개설
1992년	리오 지구 정상 회의	UNFCCC 입법화
1997년	교토 의정서	이산화탄소를 포함한 6종류의 온실가스배출량을 2012년까지 1990년 수준보다 적어도 5.2% 감축하는 것을 목표 = 실패 탄소배출권거래 등, 여러 가지 경제논리를 도입
2000년	밀레니엄 개발 목표 발표	
2001년	미국 교토 의정서 탈퇴	

2002년	남아공 요하네스버그 지구정상회의	밀레니엄 개발 목표 및 해양 자원의 2015년까지 복원 등이 선언이 나왔으나, 미국은 불참
2015년	유엔 지속 가능 개발 목표 발표	
2015년	파리 협정 발표	지구 평균 온도 상승 폭을 산업화 이전 대비 2도 이하로 유지하기로 함
2017년	미국 파리 협정 탈퇴	
2021년	COP26 총회	지구 평균 온도 상승 폭을 산업화 이전 대비 가능한 한 1.5도 이하로 유지하기로 하며, 석탄 사용의 단계적 감축, 기술 이전, 자금 지원, 산림 보호, 메탄 가스 단계적 감축 등 여러 목표들이 발표, 미국도 참가

작은 노력조차도 의미가 있다고 볼 수 있어서, 그전의 노력들이 실패라고는 단언하기는 어렵지만, '과연 이러한 노력들이 그들이 목표로 하였던 것을 이루었는가?'라는 질문에는 줄 수 있는 답은 '그렇지 못했다'라는 답밖에 없습니다.

다음의 그래프를 보면, 이산화탄소 배출의 경우, 목표와는 상관없이, 유래없이 급격하게 증가하고 있습니다. 특히 1972년 스톡홀름 그리고 1992년 리오 지구 회의를 통해, 이산화탄소 배출량 감소에 대한 필요성에 대해서 모든 참가자들이 동의를 했음에도 불구하고, 이와 같은 상황은 지속이 되고 있습니다.

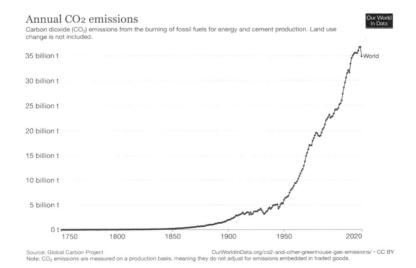

연도별 이산화탄소 배출량[38]

---

38) https://ourworldindata.org/co2-emissions

이와 함께, 해수면 상승의 자료도 보면, 지난 1950년 이후로 70년간 약 6인치 즉 15cm 이상 상승했음을 볼 수 있습니다. 온실가스의 영향으로 해빙이 돌이킬 수 없는 수준으로 진행이 된 상태입니다. 미국의 Sea Level Rise 단체는 더욱더 우려가 되는 상황은 지난 20년간의 상승은 약 7.6cm 이상으로 이러한 변화가 급격히 진행이 되고 있음으로 보여 주고 있습니다.

국제기구가 정상 간 미팅을 하고, 서류에 서명식을 하는 것만으로 우리는 무엇인가 세계가 나아질 것 같은 희망을 갖곤 합니다만, 그동안 국제 기구나 정부 주도로 진행되었던 협정이나 의정서의 결말을 잘 알고 있습니다. 강대국의 반발이나, 국내 정치 등의 이유로 인해서, 모든 체재가 무너지는 것을 반복하고 있습니다. 강대국이나, 이산화탄소의 주요 배출국이 탈퇴를 할 경우, 다른 개발 도상국 등은 형평성을 이유로, 자발적인 참여에서 벗어나, 모든 틀이 무너지게 되는 것을 경험하였습니다.[39]

그렇다면 긍정적인 면은 무엇일까요? 2015년 이후의 환경 운동에는 무엇이 달라졌을까요? 무엇보다도, 종교에 대한 필요성에 대해서, 깊이 이야기하고 있는 부분이 있다는 것이 다른 점입니다.

2017년 유엔의 지속 가능한 개발을 위한 문서에서는 각 부처별로, 종교 기관과의 협력 진행에 대한 보고서를 작성 발표하였습니다. 이 보고서의 서론에는 이런 말이 기록되어 있습니다.

> "세계의 80% 이상의 사람들은 영적인 가치(spiritual value)에 의해 행동을 결정하고 있으며, 많은 국가에서 신앙, 종교 등은 문화적 가치 구성, 사회적 포용성, 정치적 참여 그리고 경제적 번영의 주 원동력이 되고 있다."[40]

---

39) https://theconversation.com/dont-bet-on-the-un-to-fix-climate-change-its-failed-for-30-years-123308
40) https://www.unep.org/about-un-environment/faith-earth-initiative

세속화의 흐름에 따라서, 정치나 공공의 영역과 종교 간의 거리 두기나 분립의 인위적인 노력은 여러 정부에서 볼 수 있는 현상이지만, 이러한 정치적 태도에 비해 여러 가지 사회적인 현상, 전 세계적인 현상은 종교 기관과, 그리도 종교인, 종교적 신앙의 가치 등의 영향은 무시하지 못하며 종교계와의 대화와 협력의 노력을 지속하고 있음을 볼 수 있습니다.

2017년 나온 유엔의 지속 가능한 개발 목표 달성을 위한 여러 유엔 산하의 기관들이 발표한 종합 자료에서는 전 세계가 대하고 있는 전 분야에 종교 혹은 신앙계의 역할에 큰 관심을 두고 있습니다. 이 문서에 의하면 환경 분야에는 유엔 환경 프로그램 또한 2017년부터 종교 단체들과, 협력을 진행하고 있으며 이런 노력의 일환으로 2017년 11월 30일에는 10개의 종교, 20개의 종교 단체 그리고 40여 명의 종교인들을 모아서, 환경 부분에 공공의 목표 달성을 위해서, 협력을 추진하는 노력을 하였습니다. 또한 Interfaith Rainforest Alliance와 같은 산림 살리기를 위한 범종교 연대 등 목적 중심의 많은 노력이 진행되고 있는 현재의 모습입니다.

Q. 정부 혹은 국제 기관 중심의 환경 살리기 노력은 그동안 왜 계속 목표를 달성하지 못하였다고 생각하나요?

Q. 유엔 혹은 국제 기구나 정부의 종교 단체와의 협력 모델에 대해서 어떻게 평가를 하시나요?

국제 기구 및 비종교 영역에서도 종교계의 적극적인 참여의 중요성을 깨닫고, 협력을 도모하고 있는 중입니다. 이에 대해서 기독교 계에서는 어떠한 반응을 보일까요? 영국의 성공회나 많은 기관들이 관련해서, 책임감을 느끼고, 이 부분에 협력을 도모하고 있습니다.

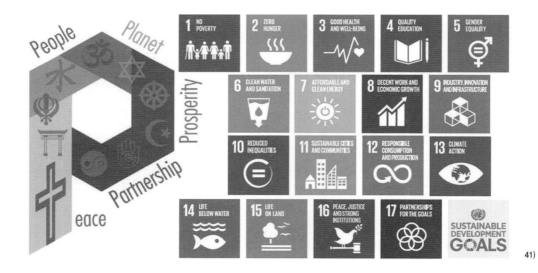

41)

2019년 3월 7일부터 9일까지 바티칸에서 약 500여 종교 대표들이 모여서, 환경 문제를 포함하여, 지속 가능한 발전 목표 및 종교의 역할에 대해서 논의한 행사가 있었습니다. 이곳에서 약 5개의 P로 시작하는 단어를 사용하여 여러 종교의 가르침 가운데 존재하는 사상에 대해서

---

41)   https://wcrc.ch/news/sustainable-development-goals-focus-of-international-conference

논의하고 행동을 촉구하였습니다.

P: People(인간)

P: Prosperity(번영)

P: Planet(지구)

P: Peace(평화)

P: Partnership(협력 및 연대)

  종교와 지속 가능한 발전 목표에 대한 국제 파트너십(PARD)이라는 단체도 이러한 노력의 일환으로 설립된 곳입니다. [42] 약 80개의 종교 단체들과 정부 기관들이 함께하고 있습니다. 그 중에 WECARE라는 프로그램은 물, 환경 그리고 기후에 대하여, 정보 등을 나누며, 협력을 도모하는 프로그램이며, 멤버 단체들이 필요로 하는 자료(영상, 통계, 실질적 기획)들과 정보들을 공유하고 있습니다. [43]

FAITH FOR EARTH

**ONE EARTH
MANY RELIGIONS
ONE GOAL**

---

42) https://www.partner-religion-development.org/

43) https://www.partner-religion-development.org/resources/wecare-resources/

Q. 이러한 노력들이 과거의 노력들과 다르다고 생각하나요?

기독교계 단체인 Tearfund의 2020에 발표된 자료 〈Burning Down the House〉라는 리포트에는 환경 문제에 관심이 많은 영국 내 기독교 청소년(만 14세-19세) 630명을 대상으로 설문조사를 한 결과가 발표되어 많은 관심을 받았습니다.[44]

그들의 92%는 환경문제에 많은 관심이 있다고 표현을 하였고, 약 84%는 기독교인이라면 환경문제를 중요시 생각해야 한다는 대답이었습니다. 하지만 아쉽게도 66%는 교회 주일 설교 등에서 기후 변화나 환경 문제를 주제로 한 메시지를 들은 적이 없으며, 출석 교회 지도자의 51%는 환경문제에 대해서 소개를 한 적이 없으며, 약 9%만이 자신의 교회가 기후 변화 등 환경 문제에 대해서 적극적으로 노력을 하고 있다고 대답하였습니다.

신앙과 상관없이 많은 젊은이들이 환경문제에 관심을 보이고 있으나, 이에 대해서 보편적인 교계에서는 관심을 보이지 못하고 있다고 답을 하였는데, 한국 교회의 상황은 이와 비슷하거나, 오히려 환경 문제에 대한 관심이 더 낮지 않을까 하는 생각을 해 봅니다.

---

44)   https://wearetearfund.org/burning-down-the-house/

Q. 여러분의 교회에서의 환경 혹은 기후 변화나 행동을 촉구하는 메시지를 들어 보았나요? 어떤 메시지였나요? 혹시 들어 보지 못했다면, 어떤 류의 메시지가 전달돼야 한다고 생각하나요?

성경에서 들어 보기

기독교 환경 윤리 분야에 저명한 조용훈 교수는 서구 신학과 교회들의 관심이 개인 혹은 인간 구원 중심이었으며, 이 때문에 자연에 대한 부분은 관심 밖이었다 주장하였습니다. 하지만 정의로우신 하나님이기에, 그리고 하나님의 정의는 인간뿐 아니라, 그가 창조하신 모든 부분에 그 영역을 확장하여 보아야 한다고 말을 합니다. 즉, 환경 문제로 삶의 터전을 잃는 가난한 국가 사람뿐 아니라, 동물에 대한 식물에 대한 부분까지 봐야 한다고 말을 하고 있습니다.

카퍼키(Cafferky) 교수는 이를 안식일에 관한 하나님의 명령과 연계를 지으며, 회개의 필요성을 강조를 합니다(Cafferky 2015). 안식일과 희년 등을 지정하신 이유에 대해서 상기시키며, 이날들을 통하여, 성스러운 날로, 예배하며, 휴식하며, 영육 간의 진정한 풍족한 삶을 누릴 시간이며, 땅과 동물 등, 창조물 또한 하나님 안에서 휴식을 누릴 수 있는 시간이었으나, 안식일을 거역하였던 이스라엘 백성들처럼 자연환경에 대한 악용 및 절제되지 못하는 과용 등으로 인해서, 현재와 같은 위기가 발생했다고 말을 하고 있습니다. 또한 그러한 사상 가운데는 이분법적인 사상이 깊게 내재하였었다고 말을 합니다. 영적인 존재로서 눈에 보이는 세상의 것에 대한 과소평가 등이 이에 나왔다고 말을 하며, 회개를 통한 회복이 필요한 부분이라고 합니다.

안식일과 희년

레위기 제25장

안식년에 대해서: 여호와께서 시내 산에서 모세에게 말씀하여 이르시되 이스라엘 자손에게 말하여 이르라 너희는 내가 너희에게 주는 땅에 들어간 후에 그 땅으로 여호와 앞에 안식하게 하라 너는 육 년 동안 그 밭에 파종하며 육 년 동안 그 포도원을 가꾸어 그 소출을 거둘 것이나 일곱째 해에는 그 땅이 쉬어 안식하게 할지니 여호와께 대한 안식이라 너는 그 밭에 파종하거나 포도원을 가꾸지 말며 네가 거둔 후에 자라난 것을 거두지 말고 가꾸지 아니한 포도나무가 맺은 열매를 거두지 말라 이는 땅의 안식년임이니라 안식년의 소출은 너희가 먹을 것이니 너와 네 남종과 네 여종과 네 품꾼과 너와 함께 거류하는 자들과 네 가축과 네 땅에 있는 들짐승들이 다 그 소출로 먹을 것을 삼을지니라

희년에 대하여: 너는 일곱 안식년을 계수할지니 이는 칠 년이 일곱 번인즉 안식년 일곱 번 동안 곧 사십구 년이라 일곱째 달 열흘날은 속죄일이니 너는 뿔나팔 소리를 내되 전국에서 뿔나팔을 크게 불지며 너희는 오십 년째 해를 거룩하게 하여 그 땅에 있는 모든 주민을 위하여 자유를 공포하라 이 해는 너희에게 희년이니 너희는 각각 자기의 소유지로 돌아가며 각각 자기의 가족에게로 돌아갈지며 그 오십 년째 해는 너희의 희년이니 너희는 파종하지 말며 스스로 난 것을 거두지 말며 가꾸지 아니한 포도를 거두지 말라 이는 희년이니 너희에게 거룩함이니라 너희는 밭의 소출을 먹으리라

Q. 무절제한 개발과 발전 의욕에 의하여 황폐해져 버리는 자연과 생태계의 훼손에 우리 기독교인의 책임에 대해서 묵상해 봅시다.

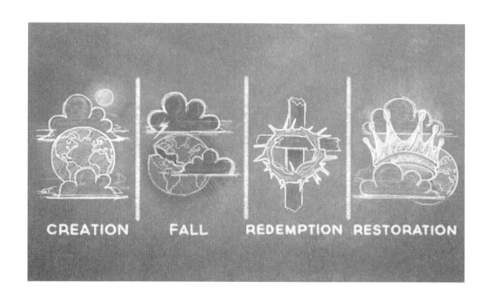

성경 전체에 연결되는 주제에는 창조(Creation) → 타락(Fall) → 구원(Redemption) → 회개를 통한 회복(Restoration) 등이 흐르고 있습니다. 환경 분야에 적용을 해 보면, 인간의 타락으로 인한 환경 파괴와 현재 우리 앞에 있는 상황에 대해서, 깊은 회개가 필요한 시간이라고 생각합니다. 기독교계 국제 자선단체인 크리스천 에이드(Christian Aid) 또한 회개를 강조합니다. 개인의 행동뿐만 아니라, 집단, 지역, 국가가 조직적이며, 연대적으로 만들고, 유지하고, 정당화했던 구조적인 부조리에 대한 공동체적인 회개의 필요성을 말하고 있습니다. 그리고 이 회개의 열매를 거둘 수 있도록 변화된 행동으로 나가야 한다고 말을 하고 있습니다 (Clifford 2007, 10).

토말린(Tomalin)은 이외에도 종교계 특히 기독교의 과거 부조리에 대해서 조명을 합니다. 정의롭지 못하고, 인간에 대한 경시와 창조물에 대한 이분법적 논리로, '식민주의' 정책의 서구 사회의 과거 그리고 그것을 지원하거나 산업발전에 의한 환경 파괴에 눈을 감았던, 기독교계의 과거사에 대해서 지적을 합니다(Tomalin, Haustein, and Kidy 2019, 5).

또한 부유한 국가의 종교계 특히 기독교 계에서는 물질만능주의, 번영 신앙을 통해서, 자신의 주머니가 두둑해지는 것을 하나님의 축복이라며 말을 하고 있는 사이, 지구 반대쪽에서는 누가, 아니면 어떠한 생태계가 훼손되고 파괴되고 있었으며, 회복이 불능한 지경까지 가 버렸다는 것을 인지하지도 못했고, 오히려, 직간접적으로 촉진시킨 기독교계의 잘못에 대해서 회개가 필요하다고 말을 합니다.

기독교 환경운동은, 이러한 자신들의 과거 죄에 대한 자각, 회개가 없이는 그들의 진정성을 인정받을 수 없음을 깨달아야 할 것입니다.

우리는 회복의 시작이 회개라고 많이 들어 왔습니다. 생태계와 자연 훼손이 인간의 타락 즉, 만족하지 못하고 절제하지 못하는 인간의 타락된 본성에서 태생된 것에 대한 인지가 있어야 하며, 회개와 함께 자연과 생태계의 회복을 위한 행동이 동반돼야 할 것입니다. 이것이 기독교가 환경 회복과 보호에 기여할 수 있는 힘의 원동력일 것입니다.

Q. 진정한 환경 회복 운동에는 우리의 회개가 필요하다는 의견에 여러분의 생각은 어떠한가요?

Unit 3   환경 회복을 위한 우리의 책임

Unit의 목표(Objectives)

(1) 환경 보호를 위한 기독교인의 책임에 대한 성경적 동기를 이해하기

(2) 환경의 회복을 기도하며, 실질적으로 할 수 있는 행동을 도모하기

(3) 이를 위해서, 연대할 수 있는 비정부 기구, 국제기구 및 기독교계 기관, 교회 등을 물색하여 행
   동하기

세상 이야기

2021년 현재, 전 세계는 어느 때보다, 자연 생태계
에 현실에 대한 경각심이 높아져 있습니다. 많은 유
력 인사들과 소셜미디어에서도 지금 아니면 절대 안
된다고 목소리를 높이고 있습니다(Now or Never).[45]

이 글을 작성하고 있는 이 순간에도, 캐나다 서부
지역은 역사상 가장 더운 폭염에 많은 이들이 죽어
가고 있고, 저 또한 2년 전 캐임브리지에서 영국 역
사상 가장 더운 날씨를 경험해 보는 등, 항상 뉴스
등에서 기록적인, 역사상 몇 위의 더위, 추위, 폭설,
폭우 등 극단적인 기상 현상을 경험하고 있습니다.

---

45)   https://www.cbc.ca/radio/nowornever/the-now-or-never-environmental-challenge-1.5152748

생태계 학자이자, 유력 인사인 영국의 데이빗 애튼보러 경은 2020년 발표된 《우리의 지구를 위하여》에서, 우리의 생태계가 지난 수십 년간 심각하게 파괴가 되었고, 그 가운데, 인간의 생활 터전은 폐허가 되기 직전이라고 하였습니다. 그는 2021년 6월에 열린 G7 정상회담에서도, 세계 주요국 정상들 앞에서도 발표를 통해서, 심각하게 이 문제를 직시해야 한다고 조언을 하였습니다.

그는 환경을 보호해야 하며, 생태계가 그가 가지고 있는 놀라운 회복능력을 발휘하기 위해서, 우리가 절제하고, 우리가 함께해야 할 때라고 합니다.

1.5도에 대한 지구 기온 상승 제한 수치에 대해서 많이 들어 봤을 것입니다. 이것은 과학자들이 제시한 산업화 이전 대비 온도 상승 최대 임계 수치를 넘어가서는 안 된다며 2016년 파리 기후 협약 및 2018년 IPCC 총회, 전 세계 국가들이 동의를 한 것입니다. 이에 따라, 각 국가들 및 기업들은, 여러 가지 정책들을 내놓고 있습니다. 신재생에너지 이용, 내연기관 자동차 생산 중지, 석탄 화력 발전소 투자 중지, 일회용 용기 사용 금지 등, 크고 작은 많은 세부 대책들이 나오고 있습니다.

교회 등에서도, 이에 심각성을 깨닫고, 여러 단체들이 활발하게 활동과, 대화를 진행하고 있습니다. 하지만 이것으로 충분할까요?

현재 수많은 정부의 정책들은 달성한 것도 있지만 깨어진 것도 많습니다. 또 다른 세계 대전을 막고자 설립했던 국제 연맹도 2차세계 대전을 막지 못하고, 해체가 되었으며, 수많은 평화회담도, 끝내 결실을 맺고, 전쟁의 상태로 이른 것도 우리는 많이 보고 있습니다. 다른 부분이지만, 부동산 문제 해결에도 정부는 많은 정책과 해결책을 내놓고 있지만, 집값이 잡히지 않는 것과 같이, 위에서 아래로 내려오는 탑다운(top-down) 정책과 방향은, 사람들이 함께 동의를 하고, 함께 과정에 참여하지 않는다면, 헛수고로 돌아가는 것을 많이 보았습니다. 많은 사람이 환경 보호와 회복을 위한 정책 또한 이와 같이 되지 않을까 하는 우려를 하고 있습니다. 이 가운데, 다우닝(Downing)은 이와 같이 말을 합니다. "많은 단체나 UN 등에서 소개하는 지속 가능한 개발 목표와 계획들은 유익함이 있고, 인간들이 원하는 여러 가지 방법들이 표현은 되어 있지만, 크리스천으로서 우리는 이러한 인위적인 목표에 도달하는 것보다 더 깊고, 의미 있는 목표를 가져야 한다." 크리스천들을 향한 하나님의 계획과 사명은 더 깊고, 더 넓기에, 크리스천들은 더 앞장서서, 이 주제에 대해서, 활동에 대해서, 리더십을 실현해야 한다고 밝힙니다.[46]

Q. 세상의 지속 가능 개발 목표와, 환경 문제에 대한 정책과 규범들이 충분하다고 느끼나요?

Q. 2100년까지 1.5도 수준의 상승으로 임계점 목표를 맞춘 그다음에는 어떤 일이 벌어질까요?

성경에서 들어 보기

우리는 어느 때보다, 현재의 지구의 상황에 대해서 듣고 배우고 있습니다.

이에 대해서 우리 크리스천들은 어떠한 마음을 갖고, 어떻게 행동을 해야 할까요?

---

46)   Downing(2016:73)

하늘의 시민권을 갖고, 세계 시민으로서 땅에서 살아가며, 창조 하나님이 지으신 환경에 대한 사랑 가득한 돌봄의 책임이 있는 크리스천들의 역할은 중요하다는 것을 강조합니다.

앞에서 창조 → 타락 → 구원 → 회복의 복음의 내러티브(이야기)를 보았습니다.

타락으로 인하여, 죄로 인하여, 망가진 우리 자신과, 사회, 그리고 생태계를 바라보며, 하나님은 회개를 명하시며, 회개에 합당한 열매를 맺으라고 하십니다.

누가복음 3장 8절

그러므로 회개에 합당한 열매를 맺고

> Q. 인류의 공동적인 죄의 대가로 무너지고 있는 생태계를 바라보며, 우리가 회개를 통하여 변화해야 하는 태도와 생각 그리고 맺어야 하는 행동의 열매는 어떠한 모습이며, 어떠한 행동일까요?

성경에 나오는 또 다른 열매의 비유는 성령의 열매입니다.

사랑, 희락, 화평, 오래 참음, 자비, 양선, 충성, 온유와 절제를 말씀하십니다.

브래드스톡(Bradstock)은 절제의 신앙이라는 표현을 사용하였습니다. 요즘과 같은 성장 중심 시대 살고 있는 우리의 좀 더 갖자, 좀 더 쌓자, 좀 더 먹자, 좀 더 누리자, 좀 더 취하고, 이익을 얻자는 마음으로 나누지 못하고, 돌보지 못하고, 안식하지 못하는 현대의 자본주의 중심의 생활에서 변화되어 충분함, 감사함과 공유를 할 수 있는 절제의 신앙이 필요할 때라고 말을 합니다.[47] 진정한 크리스천이라면, 환경에 대해서도, 새로운 피조물로서, 사랑으로, 그리고 절제함으로 대할 것입니다.

많은 정부와, 지역, 비정부 기구, 교회, 종교 단체 등이 많은 환경보호에 대한 정책적 제언을 하고 있으며 우리는 이에 귀를 기울일 필요가 있습니다.

Q. 여러분이 속한 단체(교회, 직장, 지역)에서 장려하고 있는 환경 보호, 회복 운동은 어떠한 것이 있으며, 여러분은 적극적으로 참여를 하고 있나요?

생태계의 회복을 소망하는 묵상해 볼까요?

골로새서 1장 2절

그의 십자가의 **피**로 화평을 이루사 **만물** 곧 **땅**에 있는 것들이나 **하늘**에 있는 것들이
그로 말미암아 자기와 화목하게 되기를 기뻐하심이라

정말 기대가 되는 생태계와 자연과 인간의 관계가 회복된 모습을 상상하게 하는 말씀을 소개합니다.

---

47)   Bradstock (2009:8)

이사야 11장 6-9절

그 때에 이리가 어린 양과 함께 살며 표범이 어린 염소와 함께 누우며 송아지와 어
린 사자와 살진 짐승이 함께 있어 어린 아이에게 끌리며 암소와 곰이 함께 먹으며
그것들의 새끼가 함께 엎드리며 사자가 소처럼 풀을 먹을 것이며 젖 먹는 아이가
독사의 구멍에서 장난하며 젖 뗀 어린 아이가 독사의 굴에 손을 넣을 것이라 내 거
룩한 산 모든 곳에서 해 됨도 없고 상함도 없을 것이니 이는 물이 바다를 덮음 같이
여호와를 아는 지식이 세상에 충만할 것임이니라

배런(Barron)은 세상의 환경 운동의 기반의 사상들 가운데, 지구와, 그 안에 모든 생물, 무
생물까지 하나의 생명체와 유기체와 같이 연계가 되었다고 믿는 가이아 이론과 같이, 기독교
의 가치와는 상반되는 것도 있다고 합니다. 그럼에도 불구하고, 크리스천들에게는 성경에서
말을 하는 타락과, 회복의 복된 소식을 전하고, 삶으로 보여야 한다고 말을 합니다. 그리고 재
림 때 회복이 될 새 하늘과 새 땅을 고대하며 살아가지만, 그러한 회복의 모습이 땅에도 이루
어질 수 있도록 보일 의무가 있다고 주장합니다(Barron 2005, 81-82). 그리고 연대의 필요성
도 말합니다

이사야 35장 1-2절

광야와 메마른 땅이 기뻐하며 사막이 백합화 같이 피어 즐거워하며 무성하게 피어
기쁜 노래로 즐거워하며 레바논의 영광과 갈멜과 사론의 아름다움을 얻을 것이라
그것들이 여호와의 영광 곧 우리 하나님의 아름다움을 보리로다

그러면 우리는 어떻게 해야 할까요? 더 성경의 네러티브(이야기) 기반의 알려야 하며, 그 기
반의 리더십을 보여야 할 것이며, 또한 회개를 통하여 회개의 열매를 맺으며, 그러한 열매는

우리와 자연 환경과의 관계에서도 드러나야 할 것입니다.

또한 과학의 목소리를 들으며, 절제하며, 공유하고, 재사용하며, 적극적으로 환경을 지키고, 회복하는 데에 함께해야 합니다.

실질적인 지혜는 이미 많은 단체나, 정부, 비정부 연구 단체 및 기독교 환경 단체 등에서 연구하며 여러 지침 등을 공유하고 있습니다.

국제적 기독교 환경 단체인 ARocha에서는 전 세계적 그리고 지역별로 많은 환경 보호, 회복 프로젝트를 진행하고 있습니다.

플라스틱 이용을 줄이고, 환경 교육에 앞장서며, 동물 보호, 수질 개선, 산호초 보호, 에코 교회를 위한 많은 조언, 성경에 기반한 농업 기법 및 많은 프로젝트와 지혜와 지식을 나누고 있습니다.

한국에서도 기독교 환경 회의 등이 진행이 되며, 1982년에 한국 공해 문제 연구소로 시작된 기독교 환경 운동 연대 등 또한 많은 교단들과 활동을 하고 있습니다. 하지만, 환경 문제와, 해결점은 워낙 다양하기 때문에, 더욱더 크고, 적극적인 노력이 필요합니다.

주요 환경 문제는 첫째, 공기 오염과, 기후 변화, 둘째, 산림 훼손, 셋째, 자연 생태계 훼손, 넷째, 토양 오염, 다섯째, 인구 폭발 등이 있다고 전문가들은 말을 합니다.[48] 이는, 해결을 위해서, 정부, 사회, 기업 등의 정책적, 그리고 법률적 해결이 중요함을 뜻합니다. 우리 생활 공동체에서의 작은 노력도 중요하지만, 큰 변화를 일으킬 수 있는 위치에서의 리더십도 필요하다는 것입니다. 또한 문제와 요인 그리고 그 요인 뒤에 있는 사회적인 배경과, 역사 및 기후적

---

48)   https://www.dw.com/en/five-of-the-worlds-biggest-environmental-problems/a-35915705

인 배경이 다양하기 때문에, 획일적인 문제 해결 방식이 아닌, 융합적이고 종합적으로 이 복잡한 문제를 분석하며, 선한 방향으로 이끌어 갈 사람들이 필요한 것이며, 이는 크리스천들에게도 더욱 요구되는 책임입니다.

유권자로서, 정책에 영향을 미칠 수는 있지만, 한 발 더 나가 깨우쳐진 정책 결정자의 위치에 나아가는 것도 중요합니다.

한 예로 소비자로서, 기업의 생산 및 유통과정에, 목소리를 낼 수는 있지만, 기업의 의사 결정자의 위치에서 환경 회복에 앞장 서는 것도 중요하지 않을까요?

우리가 복음으로 무장하여 세상 속으로 뛰어 들어가야 하는 이유가 이것입니다.

Q. 환경보호와 회복을 위해서, 크리스천으로 적극적으로 참여해야 하는 이유는 무엇인가요?

Q. 여러분의 교회 공동체가 이를 위해 할 수 있는 것은 무엇인가요?

Q. 여러분이 속한 곳에서 환경 보호와, 회복을 위해서 무엇을 하겠습니까?

맺는말

세계 시민 교육과 세계 시민성 함양운동에 교계와 크리스천의 참여는 책임감 있는 공적 역할의 차원에서 중요합니다. 크리스천 세계 시민 교육은 세상과 교회의 접점이 필요한 시점에 다리 역할을 할 수 있는 귀한 기회라 생각합니다.

보편성에 의존하여 문화, 역사, 신앙 등의 특수한 지혜의 공적 영역으로의 참여를 막는 관점과 행위는 근시안적인 방책이며, 크리스천으로서 모든 면에서 회복이 필요한 세계 시민 사회에서 빛과 소금의 역할을 감당해야 할 때입니다.

크리스천 청년들에게 부탁합니다.

깊은 회개와 영적 성숙 그리고 말씀 묵상을 통하여 깊은 지혜를 구하길 바랍니다. 그리고 여러분 마음에 있는 하나님 사랑, 이웃 사랑의 열정과 세상에 견주어 뒤지지 않은 지혜와 지식을 가지고 세상으로 나오세요. 여러분들은 세상을 향한 하나님의 희망의 메시지이며, 여러분은 말씀을 세상이 필요로 하는 지혜로, 세상이 이해할 수 있는 전략으로 해석을 해 주어야 하는 '통역가', '번역가'입니다. 요셉과 같이, 다니엘과 같이 그리고 예수 그리스도와 같이 세상을 이롭게 하는 성육신적 역할을 감당하시길 기도합니다.

세속적 그리고 비종교적 세계 시민 교육 기관 및 정책 결정자 분들에게 부탁합니다.

우리 세계 사회의 각 구성원들 특히 특수한 종족적, 문화적, 종교적 역사적 커뮤니티의 목소리를 들으시기 바랍니다. 더 평등하고 지속 가능한 세상을 만드는 데에 보물 같은 지혜가 이러한 특수적 커뮤니티 내에 존재하고 있습니다. 이 책에서는 그중에 기독교 내에 담긴 지혜를 들여다보았습니다. 이와 같이 편견 없이 각 커뮤니티의 목소리에 귀를 기울여 주시고, 여러 보물과 같은 지혜를 나누어 하나밖에 없는 지구 그리고 그 안에 이웃과 같은 구성원들이 자신들의 의견들을 소통할 수 있도록 열린 마음과 소통채널을 열어 두길 바랍니다.

이 미약한 교재는 이러한 두 영역의 접점을 찾는 데에 조금이나마 길라잡이의 역할이 되어 줄 수 있는 가능성을 보이고자 쓴 것입니다.

많이 부족한 책이지만 혹시 여러분이 '오 이렇게 생각해 볼 수도 있네!'라는 생각을 하고, 조금 더 깊은, 행동이 따를 수 있는 성찰을 시작하게 되었다면, 그것으로 이 책의 목적은 달성이 된 것 같습니다.

주요 참고 자료

(이 외에 다른 자료들의 출처 혹은 연구자료가 필요하시면 언제든 저자에게 연락주세요.)

Andreotti, Vanessa de Oliveira. 2011. '(Towards) Decoloniality and Diversality in Global Citizenship Education'. *Globalisation, Societies and Education* 9 (3-4): 381-97.

Barron, Duane. 2005. 'For God so Loved the Cosmos: The Good News, Ecology and Christian Ethics'. *Restoration Quarterly* 47 (2): 69-82.

Bretherton, Luke. 2009. 'Translation, Conversation or Hospitality? Approaches to Theological Reasons in Public Deliberation'. In *Religious Voices in Public Places*, 85-109. Oxford University Press.

British Academy. 2015. 'The Role of Religion in Conflict and Peace Building'. The British Academy. https://www.thebritishacademy.ac.uk/documents/325/Role-of-religion-in-conflict-peacebuilding_0_0.pdf.

Cafferky, Michael. 2015. 'Sabbath: The Theological Roots of Sustainable Development'. *Journal of Biblical Integration in Business* 18 (1): 35-47.

Chaplin, Jonathan. 2011. 'Multiculturalism: A Christian Retrieval'. Theos.

Clifford, Paula. 2007. 'All Creation Groaning: A Theological Approach to Climate Change and Development'. Christian Aid. https://www.christianaid.org.uk/sites/default/files/2017-08/all-creation-groaning-theological-approach-climate-change-development-june-2007.pdf.

Fessler, Paul. 2008. 'What's Wrong with Multiculturalism: Christian Scholars and Cultural Diversity'. *Pro Rege* 36 (3): 1-11.

Guinness, Os. 2013. *The Global Public Square*. Illinois: IVP Books.

Hartropp, Andrew. 2010. 'Do We Know What Economic Justice Is? Nuancing Our Understanding by Engaging Biblical Perspectives'. *Transformation* 27 (2): 75-82.

Katongole, Emmanuel, and Chris Rice. 2008. *Reconciling All Things*. IL: IVP Books.

Mills, Paul, and Michael Schluter. 2012. *After Capitalism: Rethinking Economic Relationships*. Cambridge: Jubilee centre.

OXFAM. 2015. 'Education for Global Citizenship'. Guide. Oxford: OXFAM Education and Youth.

Oxley, Laura, and Paul Morris. 2013. 'Global Citizenship: A Typology for Distinguishing Its Multiple Conceptions'. *British Journal of Educational Studies* 61 (3): 301-25.

Ruckman, Peter. 1999. *Why I Am Not a 'New Age' Global Citizen*. Pensacola: BB Bookstore.

Simpson, Timothy. 2014. 'The Politics of Immigration: Genesis 12:1-4a.'". *Political Theology Today* (blog). 10 March 2014. https://politicaltheology.com/the-politics-of-immigration-genesis-121-4a/.

Smit, Dirk. 2018. 'Contributions of Religion to the Common Good in Pluralistic Societies from a Christian Perspective? Some Critical Remarks'. In *Public Theology, Religious Diversity, and Interreligious Learning*. New York: Routledge.

Snyder, Susan. 2011. 'Encountering Asylum Seekers: An Ethic of Fear or Faith?'". *Studies in Christian Ethics* 24: 350-66.

Stott, John. 2006. *Issues Facing Christians Today*. 4th ed. Grand Rapids: Zondervan.

Tomalin, Emma, Jorg Haustein, and Shabaana Kidy. 2019. 'Religion and the Sustainable Development Goals'. *The Review of Faith & International Affairs* 17 (2): 102-18.

UNESCO. 2014. 'Global Citizenship Education'. UNESCO.

White, Lynn Jr. 1967. 'The Historical Roots of Our Ecologic Crisis'. *Science, New Series* 155 (3767): 1203-7.

기독교
세계 시민 교육

ⓒ 손경문, 2022

초판 1쇄 발행 2022년 2월 18일

지은이   손경문
펴낸이   이기봉
편집   좋은땅 편집팀
펴낸곳   도서출판 좋은땅
주소   서울특별시 마포구 양화로12길 26 지월드빌딩 (서교동 395-7)
전화   02)374-8616~7
팩스   02)374-8614
이메일   gworldbook@naver.com
홈페이지   www.g-world.co.kr

ISBN   979-11-388-0665-7 (03230)